3.60

KÖNIGS FURT

Über die Autoren

Evelin Bürger, geb. am 3.5.1952 in Kiel, und *Johannes Fiebig,* geb. am 30.3.1953 in Köln, zählen seit Anfang der 1980er Jahre zu den populärsten deutschsprachigen Tarot-Deutern. Ihre Schriften wurden in viele Sprachen übersetzt. Mit mehr als einer Million verkaufter Tarot-Bücher sind sie die weltweit meistgelesenen Tarot-Autoren. Sie leben mit ihren beiden Kindern in Klein Königsförde bei Kiel.

Evelin Bürger / Johannes Fiebig

Crowley-Tarot

Taschenbuch

Königsfurt

Originalausgabe
Königsförde 2000

D-24796 Klein Königsförde / Krummwisch
www.koenigsfurt.com

Umschlag, Satz & Layout: Stefan Hose, Eckernförde

Druck & Bindung: Elsnerdruck, Berlin

Printed in Germany

ISBN 3-933939-49-6 (Buch separat)
ISBN 3-927808-56-3 (Karten separat)
ISBN 3-933939-50-X (Buch & Karten im Set)
ISBN 3-935139-03-9 (Buch & Karten im Set,
Lizenzausgabe Voswinkel Verlag)

Inhalt

Große Arkana/Trumpfkarten

Stäbe

Kelche

Schwerter

Scheiben

Die Magie des Crowley-Tarot

Vorwort

Die Tarot-Karten von Lady Frieda Harris und Aleister Crowley erfreuen sich großer Beliebtheit. Ihr entscheidender Vorteil ist die Klarheit der Symbolik. Die Bilder sagen nicht nur regelmäßig mehr aus als ihre Untertitel. Sie sind eine zuverlässige Quelle für Meditation und Interpretation. Neben dem Tarot von A.E. Waite und P. Colman Smith sind diese Karten das beste Scharnier, die effektivste Verbindung von überlieferter Tradition und heutigen Anforderungen an das Tarot-Kartenlegen.

Die Crowley-Harris-Karten besitzen allgemeingültige lebendige Symbole und bleiben offen für unterschiedliche Lesarten. Während die Bilder und Symbole sich selber nicht verändern, lassen sie wechselnde Betrachtungsweisen zu. Sie fördern wandelnde Vorstellungen – und Einsichten, die mit der persönlichen Entwicklung schritthalten.

Zu den speziellen Vorteilen dieser Karten gehören viele einzelne Bildideen, die als besonders geglückt betrachtet werden können. Ein Beispiel ist die Bildkomposition des STERN: Die Schönheit eines kosmische Bewußtseins und die Gefahren des Narzißmus in Gestalt von Teilnahmslosigkeit und Unzugänglichkeit sind hier originell ausgedrückt. Welche andere Version des STERN zeigt so deutlich den »Far out«-Zustand – ein Leben weit draußen, in den Dimensionen von konsequenter Abkoppelung und befreitem Überblick, andererseits von menschlicher Verlorenheit, vom Leben wie in einer entfernten Raumstation.

Die Bilderwelt entdecken

In diesem Tarot gibt es viele Symbole, die in der Deutungsliteratur bisher zu wenig oder zu einseitig wahrgenommen wurden (z.B. das Motiv der Ernte (!) beim »Tod«, das Thema der Leidenschaft in der Farbsymbolik der »Königin der Schwerter«, die Kippfigur im Bild der »Sieben Schwerter«, die Doppeldeutung des Umstands, daß im Bild der »Fünf Kelche« ausnahmsweise alle (!) Kelche leer sind, u.v.a.m.).

Es lohnt sich, die Bilderwelt der Karten von Lady Frieda Harris und Aleister Crowley weiter zu erforschen. Die Freilegung der Symbolik wirkt um so brisanter, als das Crowley-Tarot eine der wenigen Tarot-Sorten mit aufgedruckten Deutungsbegriffen ist. Untertitel wie »Erfolg« oder »Vergeblichkeit« suggerieren scheinbar eindeutige Aussagen. Tatsächlich geben diese Untertitel jedoch keineswegs die Bildinhalte der Crowley-Karten wieder. Sie sind auch nicht zusammen mit den Karten in den Jahren 1936-43 entstanden, sondern entstammen den Schriften des Golden-Dawn-Ordens (um 1900) und wurden 1912 bereits von Crowley veröffentlicht.

1943 hat Crowley mit dem »alten System« (des Golden-Dawn) längst gebrochen, und die Karten-Untertitel sind ihm teils nostalgische Replik, teils ironisches Zitat früherer »divinatorischer« (d.h. wahrsagerischer) Vorstellungen.

Große Teile der nachfolgenden Deutungsliteratur haben die Untertitel hingegen weitgehend für bare Münze genommen, anstatt die Bilder zu betrachten. Im deutschen Sprachraum kamen noch Übersetzungsfehler bei den Karten-Untertiteln hinzu. Zum Beispiel muß »futility« (Sieben Schwerter) nicht unbedingt »Vergeblichkeit« heißen und »indolence« (Acht Kelche) nicht nur »Trägheit«. Es gehört zum Reiz dieser schönen Karten, daß sie über solch schablonenartige Deutungen weit erhaben sind.

Klein Königsförde, 12. Oktober 2000
Evelin Bürger & Johannes Fiebig

Praxistips

Zum Tarot-Kartenlegen gehört die Symboldeutung, aber auch der Mut, den Gefühlen und den manchmal unbekannten Wirklichkeiten der eigenen Person ins Auge schauen. Man beginnt am besten mit der »Tageskarte«. Morgens oder abends wird täglich oder doch einigermaßen häufig eine Karte gezogen – als Symbol, als Motivierung oder als besinnlicher Reflex des persönlichen Tagesgeschehens. Die Bedeutungen der Tageskarten sollen zunächst individuell und intuitiv erfaßt werden. Später können zusätzliche Interpretationen aus der Tarot-Literatur zu Rate gezogen werden. Zwei (der zahlreichen) Muster für das weitere Tarot-Kartenlegen:

1 – Aktuelle Situation
2 – Vergangenheit oder das, was schon da ist
3 – Zukunft oder das, was neu zu beachten ist.

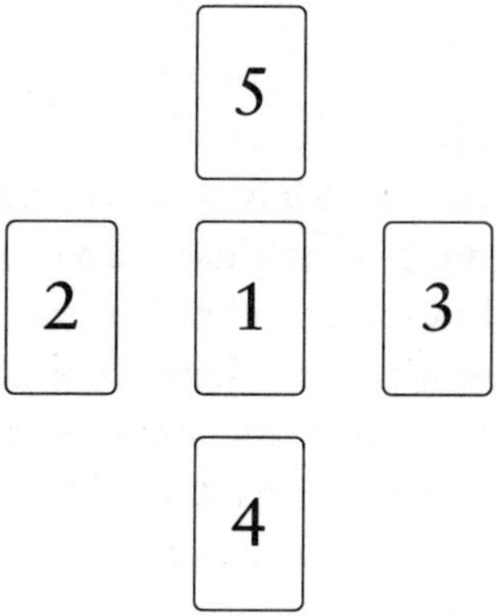

1 – Schlüssel oder Hauptaspekt
2 – Vergangenheit oder das, was schon da ist
3 – Zukunft oder das, was neu zu beachten ist
4 – Wurzel oder Basis
5 – Krone oder Chancen.

Zum praktischen Vorgehen:

- Benutzen Sie alle 78 Karten eines Tarot-Spiels. Die Sitte, nur 22 Karten zu verwenden, stammt aus der Zeit von vor 1910, als für nur 22 Karten (die Großen Arkana) Bilder existierten. Heute ist die generelle Beschränkung nicht mehr sinnvoll.
- Überlegen Sie sich Ihre Frage, die Sie nun an die Tarot-Karten richten möchten. Für die Art der Frage gibt es keine zwingenden Ge- und Verbote.
- Wichtig ist zu wissen: Die Karten wirken wie ein Spiegel. Sie können Fragen über zweite und dritte Personen stellen. Die Antwort der Karten schließt dabei stets Ihr Verständnis und Ihr Verhältnis zu diesen Personen mit ein. Wenn Sie Fragen über andere Personen stellen, sind dennoch auch Sie selbst mit im Spiel.
- Mischen Sie die Karten, wie Sie es gewohnt sind. Alle verpflichtenden Vorschriften (Kartenziehen mit links; Mischen durch Rühren auf dem Tisch usw.) sind überflüssig. Nichts spricht gegen ein persönliches Ritual. Aber es bestehen keine verpflichtenden Vorschriften.
- Legen Sie nach einem Legemuster aus, das Sie zuvor ausgewählt haben. Sie können dazu Legemuster aus der Literatur benutzen, aber auch eigene entwerfen (vor einer Kartenbefragung).

- Ziehen Sie die Karten, wie Sie es gewohnt sind. Legen Sie sie verdeckt in Form des Legemusters vor sich hin.
- Die Karten werden dann (im Normalfall) einzeln aufgedeckt. Erst wenn die Betrachtung und Interpretation einer Karte beendet ist, soll die nächste aufgedeckt werden.
- Alles, was während einer Kartenbefragung geschieht, kann zum Inhalt der gesuchten Antwort gehören.
- Die Antwort auf Ihre Frage geben *alle* Karten einer Auslage zusammen.

Legemuster

Der Stern

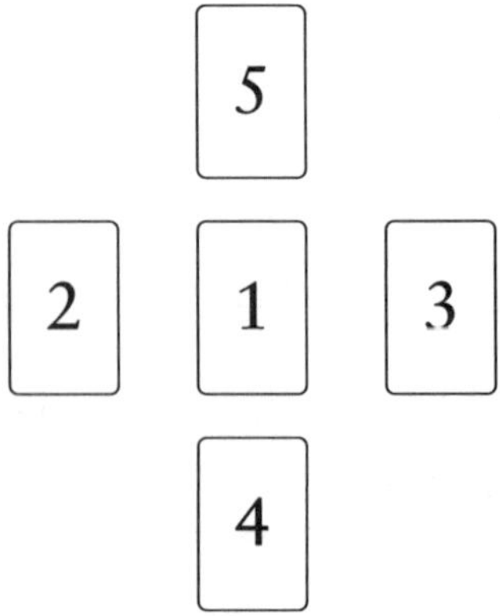

1 – Wo Sie stehen
2 – Ihre Aufgabe
3 – Ihre Schwierigkeiten
4 – Ihre Stärken
5 – Ihr Ziel

oder

1 – Wo Sie stehen
2 – Ihre Aufgaben
3 – Ihre Reserven
4 – Welche Einstellung Ihnen weiterhilft
5 – Das Ergebnis der Bemühungen

Tageskarte

1

Sich regelmäßig eine Tageskarte zu ziehen, ist die wichtigste und zugleich schönste Übung mit dem Tarot. Die Tageskarte wird morgens oder abends gezogen, in der Regel ohne eine *bestimmte* Fragestellung. Sie soll eine Station des Tarot zum Tagesthema machen, ein Motiv für den jeweiligen Tagesablauf besonders hervorheben.

Als Anfänger/in kommen Sie damit Stück für Stück in die Bilderwelt des Tarot hinein, nicht bloß theoretisch, sondern immer verbunden mit Ihrem persönlichen und praktischen Erleben. Für Fortgeschrittene ist die Tageskarte erst recht von entscheidender Bedeutung. Die Arbeit mit dem »Zufall« und der Dialog zwischen Bild und Betrachter/in werden sich gerade dann entfalten, wenn die spannende Frage beim Kartenlegen nicht nur lautet »Welche Karte ziehe ich?«, sondern auch »Wie *sehe* ich die Karte, die ich ziehe?«.

Außerdem erlaubt die Tageskarte eine kontinuierliche Beschäftigung. Jeden Tag wenige Minuten bringen wesentlich mehr als nur gelegentliche Auslagen.

Tageskarten

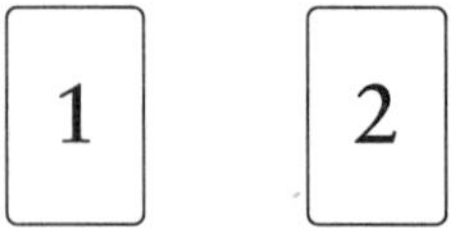

Die Karten werden gemischt. Die oberste aller Karten wird aufgedeckt: das ist die Tageskarte. Die unterste der Karten wird aufgedeckt: das ist der Hintergrund oder die Basis für die Tageskarte.

Tageskarte mit Erläuterungen

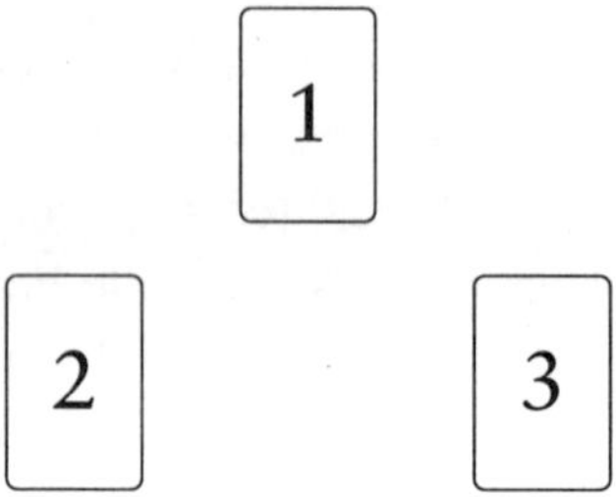

1 – Tageskarte
2 – Besondere Aufgabe für heute
3 – Besondere Chance für heute

Trendlinie

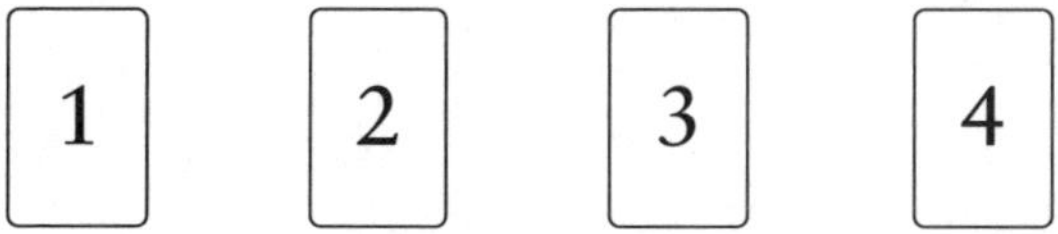

1 – Das kennen Sie schon
2 – Das können Sie gut
3 – Das ist noch neu
4 – Das lernen Sie nun dazu

Mut zur Lücke

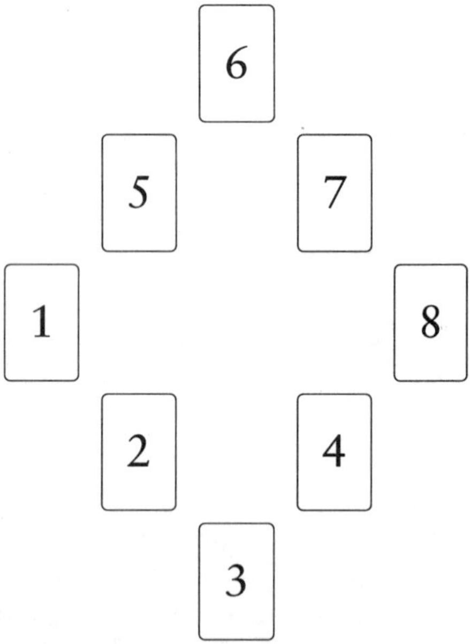

1 – Das ist möglich
2 – Das ist wichtig
3 – Das ist mutig
4 – Das ist nichtig
5 – Das ist nötig
6 – Das ist heiter
7 – Das ist witzig
8 – Das führt weiter

Tarot-Magie

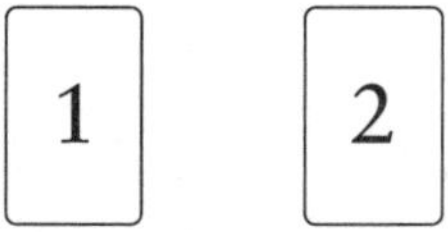

1 – Diese Karte wird offen ausgesucht:
Ihre bewußte Einstellung

2 – Diese Karte wird verdeckt gezogen:
Ihre unbewußte Einstellung

Ziel dieser Auslage ist es, die bewußte und die unbewußte Einstellung zu einem Thema zu vergleichen. Werden Sie sich zunächst über Ihre Frage oder die Thematik, über die Sie Aufschluß gewinnen wollen, klar. Merken Sie sich Ihre Frage.

Dann nehmen Sie die Karten so, daß Sie die Bilder anschauen können und blättern die Karten durch. Nehmen Sie die Karte heraus, die Sie für Ihre Fragestellung am meisten anzieht.

Dann werden die Karten gewendet, die Bilder zeigen nun nach unten. Jetzt mischen Sie die Karten wie gewohnt und ziehen eine heraus.

(nach Mario Montano)

Lieblingskarte

1

Diese Karte wird nicht gezogen, sondern ausgesucht. Welche Karte finden Sie – nach dem, was Sie von den Karten wissen und wie Sie vom Gefühl her die einzelnen Bilder wahrnehmen – am besten? Welche Karte ist im Moment Ihr Liebling?

Eine Lieblingskarte heraussuchen – immer einmal wieder, von Zeit zu Zeit –, macht Spaß. Zusätzlich hat diese Übung auch einen tieferen Sinn: Man achtet darauf, welche Wünsche und Interessen im jeweiligen Augenblick im Brennpunkt stehen!

Streßkarte

Diese Karte stellt Gegensatz und Ergänzung der Lieblingskarte dar. Auch sie wird nicht gezogen, sondern ausgesucht.

Welche Karte erscheint Ihnen – von dem her, was Sie über sie wissen und/oder was Sie bei ihr empfinden – am schlimmsten oder am unangenehmsten? Welche Karte verursacht Ihnen am meisten »Streß«, wenn sie in einer Auslage in positiver oder negativer Deutung erscheint?

Persönlichkeitskarten

Variante 1: Aus dem Geburtsdatum errechnen:

Dazu wird aus den Ziffern Ihres Geburtsdatums die Quersumme gebildet: Zum Beispiel 8.9.1963: 8+9+1+9+6+3 = 36. Liegt diese Summe bei einer Zahl zwischen 1 und 21, so ist die Große Karte aus Ihrem Spiel, die die gleiche Zahl trägt, die zugehörige Persönlichkeitskarte.

Beträgt die errechnete Quersumme 22, so gilt die 22. Große Karte – das ist »Der Narr« – als betreffende Persönlichkeitskarte.

Liegt die Quersumme jedoch, wie im obigen Beispiel, bei 23 oder höher, so müssen Sie aus der errechneten Quersumme noch einmal eine Quersumme ziehen. Zum Beispiel ergibt dann 36 als weitere Quersumme 3 + 6 = 9; die Große Karte mit der gleichen Ziffer ist nun die zutreffende Persönlichkeitskarte, in diesem Beispiel IX-Der Eremit.

Variante 2: Eine Karte aussuchen (vgl. »Lieblingskarte«/»Streßkarte«).

Variante 3: Eine Karte ziehen (vgl. »Tageskarte«).

Variante 4: Alle 78 Tarot-Karten zusammen stellen einen Spiegel Ihrer Persönlichkeit dar.

Variante 5: Die Tarot-Karten, die zu Ihrem Tierkreiszeichen gehören (vgl. S. 124 f.).

Keltisches Kreuz oder Sonnenkreuz

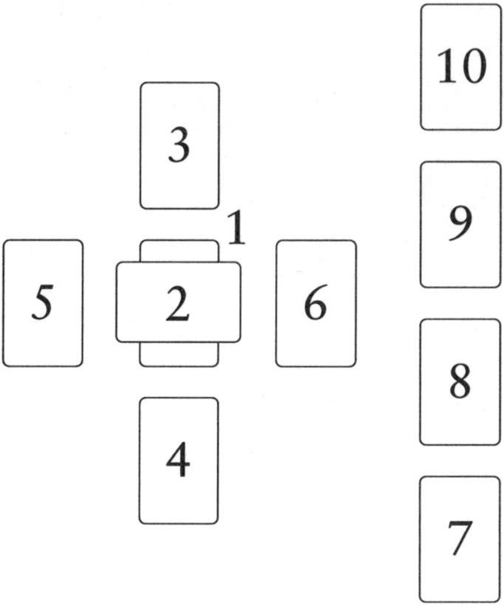

1 – Thema der Frage, Sie selbst
2 – Positive oder negative Ergänzung zu 1
3 – Krone, Chance, bewußte Seite
4 – Wurzel, Basis, Stütze, bewußte Seite
5 – Vergangenheit oder das, was schon da ist
6 – Zukunft oder das, was neu zu beachten ist
7 – Ihre innere Kraft, Ihre innere Einstellung
8 – Einflüsse von außen; Ihre Rolle nach außen
9 – Hoffnungen und Ängste
10 – Ergebnis, Ziel, Aufgabe

Häufige Fragen zum Crowley-Tarot

Wie viele Magier gehören zum Crowley-Tarot?

Auch »nur« ein Magier, wie zu jedem anderen Tarot-Spiel auch. Als die Bilder von Lady Frieda Harris und Aleister Crowley 1943 zum ersten Mal der interessierten Öffentlichkeit gezeigt wurden, war nur ein Magier dabei. Als Aleister Crowley 1944 sein Buch dazu veröffentlichte, erschien dort ebenfalls nur ein Magier. Und als 1969 die Bilder erstmals als Karten gedruckt wurden, da gehörte wiederum nicht mehr und nicht weniger als ein Magier dazu. Es ist derjenige, der in diesem Buch auf S. 36 abgebildet ist.

Nur für eine gewisse Zeit (1986 bis ca. 1999) erschien in Europa eine Ausgabe des Crowley-Tarot mit insgesamt drei Magiern – mit dem einen Magier, der zum Deck gehört, nebst zwei früheren Entwürfen. Der Schweizer Kartendrucker wollte 1986 dokumentieren, daß er eine neue Ausgabe der Crowley-Harris-Karten produziert hatte. Da ein Druckbogen Platz für 80 Karten bietet, wurden – anstelle der früheren Werbekarten – nun zwei der Entwürfe des Magiers mit abgedruckt.

Vor einigen Jahren haben allerdings die Crowley-Erben ihr Veto dagegen eingelegt. Seitdem werden auch vom Schweizer Kartendrucker nur noch Karten-Sätze mit *einem* Magier hergestellt.

Wer sich für die Entwürfe der Bilder von Lady Frieda Harris und Aleister Crowley interessiert – und zwar für *alle* Entwürfe, nicht nur zur Karte »Der Magier« – kann diese nach Absprache im Londoner Warburg Museum besichtigen.

Wer hat die Crowley-Karten gemacht?

Gemacht und gemalt wurden die Karten von Lady Frieda Harris. Mehrere Jahre malte sie oder arbeitete sie an diesen Bildwerken, die 1943 in einer Ausstellung in London erstmals komplett vorgestellt wurden.

Fast alle Autoren, die sich mit der Entstehung dieser Karten beschäftigt haben, stimmen darin überein, daß Aleister Crowley höchst selten mit Lady Frieda Harris zusammengetroffen ist, um die entstehenden 78 Kunstwerke zu besprechen und deren Inhalte gemeinsam festzulegen. Der Anteil von Aleister Crowley an diesen Karten besteht in zwei Komponenten: Er erstellte eine *Zutatenliste* am Anfang der Arbeiten von Lady Frieda Harris. Und er schrieb, nachdem diese ihre Arbeiten abgeschlossen hatte, einen *Kommentar* dazu.

Auf den Zutatenlisten waren rezeptartig einige kurze Stichworte für jede Karte enthalten. Diese Liste von Zutaten hatte Crowley sogar veröffentlicht – rund 30 Jahre bevor die Tarot-Karten von Lady Harris veröffentlicht wurden. 1912 publizierte Crowley in der von ihm selbst herausgegebenen Zeitschrift »The Equinox« eine kurze Abhandlung mit dem Titel »A Description of the Cards of the Tarot« (Eine Beschreibung der Karten des Tarot).

Diese Liste der Zutaten und Rezeptvorschläge für Lady Frieda Harris besaß nur einen einzigen Schönheitsfehler: Aleister Crowley hatte sie nicht selbst erfunden, sondern den geheimen Unterlagen des Golden-Dawn-Ordens entnommen. Dort gab es eine Sammlung von Beschreibungen der Tarot-Karten unter dem Namen »Buch T«. Crowley änderte 1912 lediglich die Überschrift und veröffentlichte das ganze, unter Bruch seines Schweigegelöbnisses in jenem Orden.

All dies ist nachprüfbare Geschichte. Das »Buch T« wurde einige Jahrzehnte später der Öffentlichkeit zugänglich, als Israel Regardie und danach von Robert Wang sehr umfangreiche Unterlagen des Golden-Dawn-Ordens publizierten. Die Veröffentlichung von A. Crowley aus dem Jahre 1912 zur Beschreibung der Tarot-Karten ist ebenfalls in späteren Jahren nachgedruckt worden und liegt in englischer Sprache vor (siehe Literaturhinweise, S. 123). Daß Aleister Crowley einen Diebstahl geistigen Eigentums vornahm, als er 1912 den internen Text des Golden-Dawn-Ordens als seine eigene Tarot-Beschreibung herausgab, sollte in seinem Leben übrigens nicht der einzige Fall dieser Art bleiben.

Die zweite Komponente, der zweite Anteil von Aleister Crowley an den Karten von Lady Frieda Harris besteht vor allem darin, daß er *nachdem* die Karten fertiggestellt waren, einen Kommentar, ein Deutungsbuch zu den Karten von Lady Frieda Harris schrieb. Dieser Deutungstext erschien zuerst 1944 und ist heute unter dem Titel »Das Buch Thoth. Eine kurze Abhandlung über den Tarot der Ägypter« auch in deutscher Sprache erhältlich. – Es ist fraglich, ob Aleister Crowley einen nennenswerten Anteil an der *Bildgestaltung* besitzt. Fairerweise muß man die Bezeichnung dieser Karten zumindest in *Crowley-Harris-Tarot* ändern.

Darf man diese Karten überhaupt benutzen?

Darf man sich jedoch auf die Karten von Crowley und Harris überhaupt einlassen? Zieht man nicht »schlechte Energien« dadurch an, daß man sich mit Karten beschäftigt, an denen der Ruf schwarzer Magie klebt? Die Antwort auf diese Fragen ist eine doppelte.

Die erste Antwort lautet: Der Lebenswandel von Aleister Crowley kann nicht zur Nachahmung empfohlen werden. Dennoch kann man ohne jede Gefahr die Tarot-Karten von Crowley und Harris benutzen. Der Grund dafür ist sehr einfach und hat nichts damit zu tun, daß der Anteil von A. Crowley an diesen Karten nur gering ist. Nein, der Grund liegt woanders. Es ist für unsere Gesellschaft üblich, zwischen Leben und Werk eines Künstlers oder einer Künstlerin zu trennen. Es gibt zahllose Kunstwerke von einiger Bedeutung, die von Menschen produziert wurden, die in ihrem Leben gescheitert sind oder ihr Leben in einer Weise gestaltet haben, die absolut nicht als vorbildlich bezeichnet werden kann. Würden wir diese Kunstwerke ignorieren oder meiden, wären wir wesentlich ärmer.

Um ein Beispiel aus einem ganz anderen Bereich zu wählen: Kurt Tucholsky zählt zu den beliebtesten und ehrbarsten deutschen Schriftstellern. Und das, obwohl er, im Alter von 45 Jahren, Selbstmord beging. Sein Lebenswandel ist in diesem Sinne ebenfalls nicht empfehlenswert und selbstverständlich nicht als Leitbild gedacht, wenn seine Gedichte oder Geschichten in großer Zahl in deutschen Schulbüchern abgedruckt werden. Im übrigen hat Tucholsky nichts mit A. Crowley gemeinsam. Aber dieses Recht, zwischen Person und Werk zu trennen, darf auch Crowley nicht vorenthalten werden.

Die zweite Antwort: Wir halten nichts davon, alle Ängste einfach zu zerstreuen. Wo Ängste vor schwarzer Magie vorliegen, *entstehen* diese nicht aus der Person Crowley's, sondern aus dem Leben des Menschen, der diese Ängste hat! Meistens liegen diesen Ängsten Erfahrungen zugrunde, die ernstzunehmen sind (sogar dann, wenn die Ängste selber völlig unnötig sein sollten).

Man muß sich nicht zu jeder Zeit mit jedem Thema beschäftigen. Aber *wenn* bestimmte Erfahrungen betrachtet und bearbeitet werden sollen, so sind die Bilder des Tarot in Verbindung etwa mit den Texten der Königsfurt-Bücher eine ideale Hilfe. Das gilt auch für die Bilder des Crowley-Tarot.

Wie sind die Bildunterschriften zu verstehen?

Verlassen Sie sich nicht auf die aufgedruckten *Bildunterschriften!* Selbst da, wo diese Bildunterschriften zutreffen, erweisen sie sich als *alleinige* Inschriften regelmäßig als irreführend. Denn es wird jeweils nur ein kleiner Aspekt aus dem großen Bedeutungsspektrum der Karte herausgegriffen.

Außerdem wird jeder Untertitel auch *nichtssagend*, wenn man ihn als Rezept oder als Orakel auffaßt. Da steht dann ERFOLG oder VERGEBLICHKEIT – aber worauf bezieht sich das? *Werden die eigenen Hoffnungen vergeblich sein oder die Einwände, die bisher dagegenstanden?*

Es empfiehlt sich, diese speziellen Untertitel mit *Korrekturband oder ähnlichem zu überkleben,* damit der Blick beim Aufdecken der Karte tatsächlich auf den Inhalt des Bildes und nicht auf die Unterzeile fällt. Man kann sich auch so behelfen, daß man beim Aufdecken der Karte im wahrsten Sinne des Wortes den Daumen auf den Untertitel hält!

Beschreibung & Deutung der Karten

Große Arkana

Zauberkraft

Magie, die »Möglichkeit des Unmöglichen«, besteht darin, mit dem Kosmos, mit Gott und der Welt eins zu sein. Die Zahl Eins ist unter den Zahlen, die im Tarot vorkommen, nicht teilbar. »Unteilbar« aber heißt lateinisch *individuum*.

Als Magier/in gelingen Ihnen auf Ihrem Lebenswege Wunder, die für Sie ganz natürlich sind, so wie andere Menschen auf ihrem individuellen Weg Zauberstücke vollbringen, die für Sie immer unerreichbar bleiben werden, weil deren Weg nicht Ihrer ist.

»Gehe nicht in den Fußstapfen der Meister. Suche, was sie suchten« (Zen-Spruch). Diese Karte ist Ihren universellen Möglichkeiten gewidmet. Himmel und Erde, Tag und Nacht, Vision und Wirklichkeit treten dabei in ein fruchtbares Spannungsverhältnis. Es geht nicht um »übersinnliche« Kräfte, sondern um die *Entwicklung* von Sinn und Sinnen bis zur vollen Blüte.

In Ihren aktuellen Fragen brauchen und gewinnen Sie Erfindungsgeist – die Gabe, zu sich selbst zu finden, und das Geschick, eine Lücke aufzutun oder eine Brücke zu bauen, die gerade Ihren Auffassungen entgegenkommt. Ihre ganz persönlichen Chancen kann Ihnen keiner vorführen und kann Ihnen niemand wegnehmen! Sie bieten sich allein Ihnen.

Eigen-Sinn

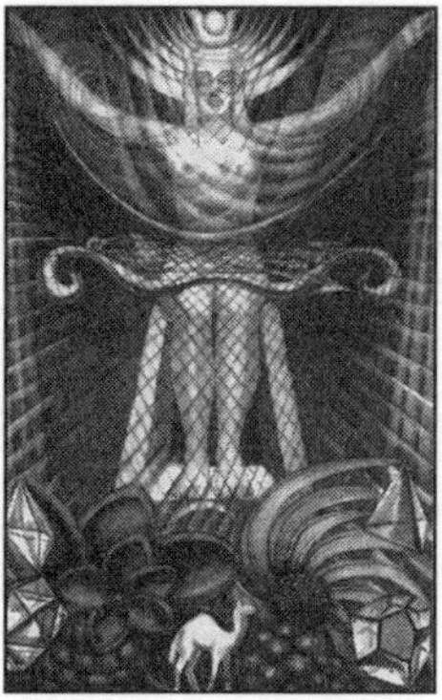

Abgrenzung und Offenheit des Seelenlebens. Begraben Sie fruchtlosen Eigensinn und finden Sie den Sinn des Eigenen, den eigenen Sinn! Der helle Weg ist der Weg der Weisheit (s. Kamel). Der dunkle Weg geht durch die Finsternis (s. im Unterbau des Throns). Lernen Sie Gefühle, Träume und Ahnungen zu deuten. Nehmen Sie sie ernst. Verstehen Sie sie in ihrer symbolischen und praktischen Bedeutung.

Einmal geht es vor allem darum, sich einen eigenen Raum zu schaffen, ein eigenes Zimmer, einen persönlichen Geltungsbereich. Ein anderes Mal geht es um die Öffnung der Mauern nach draußen, die Vernetzung der eigenen Gefühle mit denen vieler anderer. Geistigkeit und Sinnlichkeit, Ketzerei und Frömmigkeit, Animierendes und Schockierendes – verstehen und vertreten Sie, was Sie brauchen.

Unpersönliche Rezepte oder Orakel helfen nicht. Das Geheimnis der Hohepriesterin ist der Eigen-Sinn. Nehmen Sie Klang und Stille in Ihnen und außerhalb von Ihnen wahr. Richten Sie sich einen Raum ein, in dem Ihre Stimme und Ihre Stimmung sich entfalten und produktiv äußern können. Auch ein guter Anlaß, zu weinen, zu schreien und zu singen.

Persönliche Natur

Die »Natürlichkeit«, der Ausdruck innerer Bewegtheit, bestimmt die sprichwörtliche Unwiderstehlichkeit der Venus. Diese Weiblichkeit zu leben, ist nicht nur für Frauen ein Thema, auch für Männer.

Setzen Sie sich mit Ihren Erfahrungen und Vorstellungen von Fraulichkeit auseinander. Seien Sie zu sich und zu anderen wie eine gute Frau, Freundin oder Mutter. Jeder Mensch verkörpert eine bestimmte Wahrheit, die ihm eigen ist und die ihn auszeichnet. Machen Sie Ihre Emotionen fruchtbar; vertreten und verkörpern Sie Ihre persönliche Wahrheit!

Wenn wir lieben und geliebt werden, dann blüht unsere Natur auf. Wo Sinn und Sinne ihre Chance erhalten, da blüht auch die Liebe auf und macht unser Glück zu einer runden Sache.

Sprechen Sie Ihre Mitmenschen in Respekt an, und Sie werden vieles bewegen und reiche Früchte ernten.

Sie brauchen die Natur und sollten heute noch etwas unternehmen. Entweder hinaus in Wald und Feld. Und/oder eine Exkursion in die persönliche Natur: Sie besitzen und Sie brauchen ein eigenes Reich, wo als normal und anerkannt gilt, was für Sie natürlich und selbstverständlich ist.

Selbst-Regierung

»Der Kaiser« ist die Kraft in uns allen, die neue Lebens- und Liebesmöglichkeiten erkundet. Für den Widder (s. Widderköpfe und Osterlamm) stellt die Geburt nicht nur einen Anfang dar, der als solcher vorübergehend bleibt, vielmehr stellt es sein Lebensprinzip dar, etwas zu beginnen, (mit sich) selber etwas anzufangen, das Leben zu erneuern!

Der oder die Erste zu sein, Neuland zu betreten und urbar zu machen – dies ist die archetypische Kraft des Mars. Diese gilt für Männer und Frauen gleichermaßen! Überprüfen Sie Ihr Bild von Männlichkeit. Hüten und schützen Sie sich vor Egoismus und vor Selbstlosigkeit. Probieren Sie es aus, sich selber der Freund, der Mann, der Sohn, der Vater usw. zu sein, den Sie sich wünschen würden.

Wagen und genießen Sie es, selbständig, ohne Vorbild und in eigenem Auftrag zu handeln. Setzen Sie Ihren Pioniergeist ein. *»Don't imitate, innovate«*: Versuchen Sie nicht andere nachzuahmen, sondern schaffen Sie neue Tatsachen. Verwirklichen Sie sich selbst als Urheber, als Urheberin! Fragen Sie nach Antworten, die nur Sie finden können.

Sesam öffne dich

Was einst die Aufgabe der Priester war, ist heute Thema für uns alle: Wie finden wir persönliche Antworten für die großen und kleinen Geheimnisse des Lebens? Wie organisieren wir entsprechende Feste, Freudes- oder Trauerfeierlichkeiten?

Die Karte zeigt drei Bildfiguren. Dabei ist eine Bildfigur ganz groß im Bild zu erkennen, zwei weitere Bildfiguren (Priesterin und Kind) klein. Damit wird die Karte aber auch zum Spiegel Ihrer Stärken und Schwächen.

In Ihnen schlummern unbekannte Talente. Diese werden durch den Schlüssel verdeutlicht. Die Zahl 5 weist auf den Begriff der Quintessenz hin. Diese Quintessenz ist die persönliche Wahrheit, die in jedem Menschen lebt. Aufgrund dessen hat jede und jeder etwas zu sagen und mitzuteilen.

Äußern Sie sich, und profitieren Sie von den Erfahrungen der anderen. Der Glaube an Sie selbst kann sich nur entwickeln, wenn Sie Ihre Stärken und Schwächen berücksichtigen und sich selber in bisher verborgene Wünsche und Ängste einweihen. Praktisch geht es darum, Gewohnheiten zu hinterfragen und sich zu offenbaren. Weihen Sie andere in Ihre Geheimnisse ein, und öffnen Sie sich für die Bedürfnisse der anderen.

Paradies jetzt!

Auf den ersten Blick einfach eine »supergute« Karte. Sie regt dazu an, all Ihre Erfahrungen und Erwartungen in Sachen Liebe und persönliches Paradies zusammenzutragen.

Und doch sind in den Bildern auch Schattenseiten enthalten. Ein Engel ist genau zwischen dem Amor (am oberen Bildrand) und den Liebenden (am unteren Bildrand) plaziert. Je mehr nun dieser Engel einen Quäl- oder Plagegeist, einen ungeklärten geistigen Horizont darstellt, um so mehr stellt er eine graue Wolke dar. Um so mehr stehen die Liebenden tatsächlich im Schatten. Gerade das Unmerkliche, das Unsichtbare gilt seit dem Altertum als Merkmal des Schattens.

Die Schattenseiten aufzuklären heißt, der Liebe eine neue Chance zu geben! Nehmen Sie sich und andere mit Liebe und Erkenntnis an. Ein neues Paradies erwartet Sie! Sie sind eine liebevolle und liebenswerte Person. Sagen Sie »Ja« zu sich und zu Ihrem Nächsten. Ihre Beziehungen zu anderen und die Beziehung zu sich sind wie zwei Seiten einer Medaille. Geben Sie nicht anderen die Schuld für Ihr Glück oder Unglück. Sie haben sich in der Vergangenheit entschieden, und sind frei, sich jetzt neu zu entscheiden! Wann haben Sie Ihre letzte Liebeserklärung gemacht – an sich – an andere?

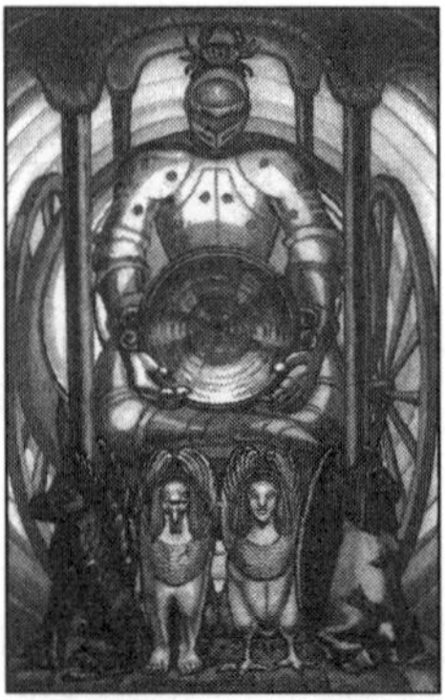

Selbst-Erfahrung

Wagen Sie einen eigenen Kurs! Die Sphinxen ziehen den Wagen nicht, sie sind ihm vorgelagert. Die Rätsel von heute bereiten den Weg von morgen. Wo Sie innere Antriebe und äußere Ziele aufarbeiten und von Projektionen befreien, da heben Sie Ihr »Karma« auf und machen selber Geschichte.

Seien Sie mutig und energisch in der Auseinandersetzung mit sich selbst. Schützen Sie sich vor Menschen, denen ihre Widersprüche verschlossen sind. Mißtrauen Sie Einbahnstraßen und solchen Lösungen, die für alle gleich sind. Fahren und verweilen Sie im eigenen Tempo, im eigenen Rhythmus.

Haben Sie einen Führerschein? Nutzen Sie ihn? Lassen Sie sich lieber fahren? Legen die 22 Großen Arkana als Kreis vor sich aus. Wählen Sie davon eine Karte, die Ihre bestehende Situation beschreibt. Wählen eine zweite Karte für das, was Sie sich wünschen. Danach zählen Sie die Schritte ab (z.B. vier Schritte sind es von der »Hohepriesterin« zu den »Liebenden« oder von der »Sonne« zum »Magier«); die Zahl der Schritte gibt an, welche Große Karte zur Zeit Ihr Weg, Ihre Aufgabe ist (im genannten Beispiel IV-Der Kaiser).

Ganzheit

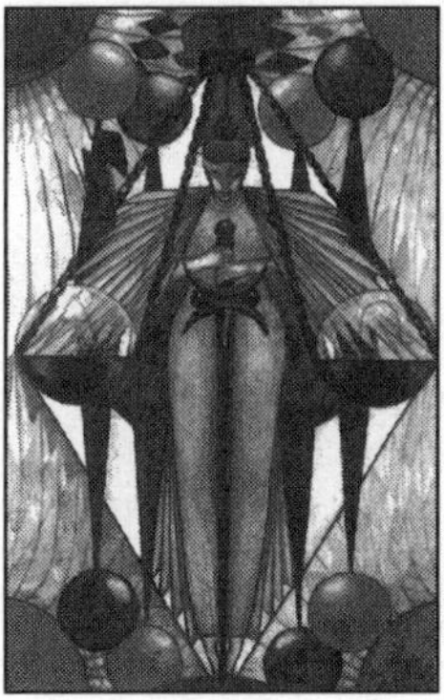

Vage und extravagante Gefühle, Gedanken und Empfindungen. Werden Sie zum Manager oder zur Dirigentin vieler unterschiedlicher, gleichzeitiger Energien, Kräfte und Aufgaben. Um dies zu erreichen, sind Widersprüche nicht zu vermeiden, sondern nötig und förderlich.

Es geht um nicht weniger, als im Moment als ganzer Mensch anwesend zu sein! Finden Sie heraus, wie sie die verschiedenen Kräfte am besten verteilen und zum Einsatz bringen können.

Je genauer die Ermittlung, um so liebevoller das Urteil! »Je mehr Erkenntnis einem Ding innewohnt, desto größer ist die Liebe ...« (Paracelsus). Mut zur Kritik, Mut zum Lob sind also in Ihren aktuellen Fragen gefordert, besonders aber die Bereitschaft, genau zu unterscheiden, wen und was Sie wirklich lieben.

Es ist besser, danach zu forschen, wie sich vorhandene Stärken einsetzen lassen, als darauf zu achten, wie sich vorhandene Schwächen am besten kritisieren ließen! Stützen Sie sich dabei auf die vitalen Bedürfnisse von Kopf und Bauch bei allen Beteiligten. Etwas zu erreichen, bedeutet auch, es als Eigenes zu begreifen. Setzen Sie sich mit Argumenten und Gegenargumenten auseinander und ziehen Sie die Summe daraus.

Heilung

Die Laterne und das Licht darin sind Symbole des menschlichen Verstandes und unseres Anteils am »göttlichen« Licht. Jeder Mensch hat die Notwendigkeit, gewisse Probleme zu erkennen und zu beheben. Jede/r hat die Möglichkeit, die Welt ein Stück weit heiler zu machen.

In der Aufarbeitung der Widersprüche, die in uns und um uns bestehen, bestärkt sich unser Licht. Nicht die Schuldlosigkeit als Verantwortungslosigkeit, nicht die Flucht in Unzuständigkeit oder Unzurechnungsfähigkeit bringen uns der überragenden Kraft des »Eremit« näher. Er verkörpert vielmehr einen Menschen, der zur gegebenen Zeit seine Probleme löst und seine Aufgaben erledigt, ohne etwas unter den Teppich zu kehren. Darum geht es auch in Ihren aktuellen Fragen!

Rufen Sie sich Beispiele in Erinnerung für Ihre Fähigkeit, wichtige Resultate zu erreichen. Und weitere Beispiele für Ihr Vermögen, vor Problemen nicht wegzulaufen, sondern sie (a) auszuhalten und (b) zu einer guten Lösung zu bringen. Ist Ihr Haushalt in Ordnung? Was tun Sie für Ihr Wohlbefinden?

Lebensglück

Nehmen Sie Anteil am Weltgeschehen, und die Welt wird Anteil an Ihnen nehmen!

Finden Sie den roten Faden, Ihren Zusammenhang im Gang des Schicksals. Glück bedeutet, daß etwas glückt, d.h. dauerhaft gelingt – weil der eigene und ›Gottes‹ Wille übereinstimmen. Wesentliche Wünsche zu erfüllen und wichtige Ängste aufzuheben, ist jetzt entscheidend. Die Zeit ist reif für ein neues Lebensniveau und einen größeren Rahmen, worin Heilung, Ganzheit und existentielle Betroffenheit sich zu Ihrem persönlichen Geschick verbinden.

Schützen Sie sich davor, Ihr Leben – und das heißt schließlich, sich selbst – in viele Einzelbereiche zu zerstückeln. Ziehen Sie eine Summe aus Ihren Erfahrungen. Wenden Sie sich mit allem, was zu Ihnen gehört – allen Stärken und Schwächen – den Erfordernissen des Augenblicks zu.

Die Zusammenarbeit mit dem Schicksal beginnt und wächst mit der liebevollen, aber auch kritischen Annahme von »Zufällen« und solchen Zusammenhängen, die über das eigene Fassungsvermögen hinausgehen. Die Arbeit mit dem Zufall, wie sie etwa das Tarot-Kartenlegen erlaubt, ist ein ideales Training dafür. Ziehe die nächsten (zehn) Tage jeweils eine Tageskarte!

Genugtuung

Hier geht es um den lustvollen Umgang mit dem, was größer ist als das größte persönliche Fassungsvermögen.

Hüten und schützen Sie sich vor sinnlosen Idealen und vor Gewaltsamkeiten im Namen der Liebe. Finden Sie hinter den vielen Gesichtern, den verschiedenen Erscheinungen und Ereignissen den Zugang zum Wesentlichen. Geben Sie der Lebenlust eine neue Chance.

»Was ist besser als ein Orgasmus«, fragte der selige Wolfgang Neuss, um sich selbst zu antworten: »Immer einen haben«. Die sexuelle Lust ist Beispiel für die Lebenslust insgesamt, der sexuelle Höhepunkt auch ein Gleichnis dafür, wie wir in jedem Bereich des Lebens alle persönliche Energie konzentrieren können.

Liebe ist nicht nur ein Gefühl; Liebe ist eine Lebenseinstellung, eine Sache des Bewußtseins, die persönliche Einheit mit der Schöpfung, mit allen Energien, einschließlich und auch völlig jenseits der eigenen Person. Entscheiden Sie sich für die Liebe als Daseinszustand, als Intensität und Qualität des Lebens. So wirken Sie mit an etwas und werden Teil von etwas, das größer ist als Sie. Gönnen Sie (sich und Ihren Nächsten) heute ein sinn- und lustvolles ›Extra‹!

Passion

Der Gehängte hängt an dem, woran er glaubt, und er glaubt an das, woran er hängt. Er besitzt einen klaren und eindeutigen Standpunkt. Nur daß sein Bezugspunkt nicht die Erde, sondern die himmlische, transzendente Perspektive ist. Nutzen Sie Ihre aktuellen Fragen, um Ihre Glaubenssätze zu prüfen.

Die Schlange warnt vor platten Instinkten. Sie ermuntert jedoch zur Rückbesinnung auf elementare Bedürfnisse, zur Versenkung in tiefe Seelenschichten. Spielen Sie nicht den Märtyrer, und lassen Sie es nicht zu, daß Leid verherrlicht wird.

Deuten Sie die Gefühle, die Träume, die unbewußten Regungen bei allen Beteiligten. Wenn Sie aber Ihren Glauben geprüft haben, scheuen Sie sich nicht, sich ihm restlos anzuvertrauen: Ein sinnvoller Glaube und eine bewußte Passion sind das Höchste der Gefühle!

Üben Sie Kopfstand (oder Handstand oder »Kerze«)! Setzen Sie sich auf die andere Seite des Tisches. Die Zeit ist gekommen, sich aus Abhängigkeiten zu befreien. Entscheiden Sie sich für das, was das Herz beglückt! Zeigen Sie Ihre Fähigkeit, wirkliche Freude zu verbreiten.

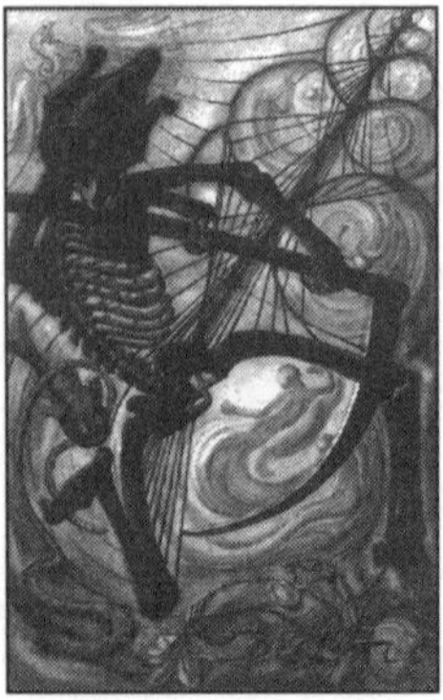

Einmaligkeit

Trauer über Tod und Verlust ist unvermeidlich. Doch die grausamen Ängste eines verdrängten Todes sind unnötig und unwürdig. Beachten Sie den Strom der Seelen (im Bildhintergrund): Man kann tot sein, lange bevor man stirbt. Und man kann leben, lange nachdem man gestorben ist!

Der Sensenmann will auch ernten! Er will Früchte nach Hause tragen. Das ist der Beruf des Schnitters, über den auch sein martialisches Aussehen nicht hinwegtäuschen kann. Trennen Sie sich von dem, was tot ist, aber behalten Sie, was lebt.

Die Karte beinhaltet »positive Aggressionen«, die Kraft, notwendige und einschneidende Veränderungen selber vorzunehmen. Sie können lernen, Ihre Kraft und Ihre Macht nicht gegen andere, sondern für sich einzusetzen.

Lassen Sie tiefe Gefühle und Mitgefühl zu. Keine Umwege um die Wahrheit! Jetzt entscheidet die Bereitschaft, Ihren Beitrag zu leisten, das Beste zu geben und anzunehmen. Stärken Sie Ihr Verlangen, die gegebene Lebensspanne so sinnvoll und angenehm, so wertvoll und fruchtbar wie möglich zu machen. Die erste und die letzte Frage: Was werden Sie heute ernten?

Der wahre Wille

Die große Versöhnung, die Einheit der Gegensätze. Aber auch: Ein gespaltenes Bewußtsein, »die linke Hand weiß nicht, was die rechte tut«, ein Mensch mit zwei Gesichtern, die einander fremdbleiben.

Sie durchleben ein »Fegefeuer«. Die Karte ermuntert, die Widersprüche des Lebens selbst in die Hand zu nehmen. Sie sollen Tatsachen weder ignorieren noch vor ihnen kapitulieren. Tatsachen lassen sich ändern, sie sind eine Sache der Tat.

Hüten und schützen Sie sich vor Manipulationen. Die Anerkennung aller (!) Tatsachen erzielt den maximalen Erfolg. Die Spaltung zwischen Wunsch und Wirklichkeit, bewußtem und unbewußtem Willen kann überbrückt werden. Eine lustvolle Verwandlung.

Nehmen Sie die Widersprüche Ihres Lebens in die Hand. Bestehende Fakten können eingeschmolzen und neu geschmiedet werden. Richten Sie sich eine »Kreativitätswerkstatt« ein: Einen Ort und eine Zeit im Tagesablauf, wo Sie regelmäßig verweilen; einen Garten der kreativen Ideen; einen Raum, der Sie stets daran erinnert und dazu ermuntert, was Ihnen lieb und heilig ist. Begeben Sie sich jetzt dorthin!

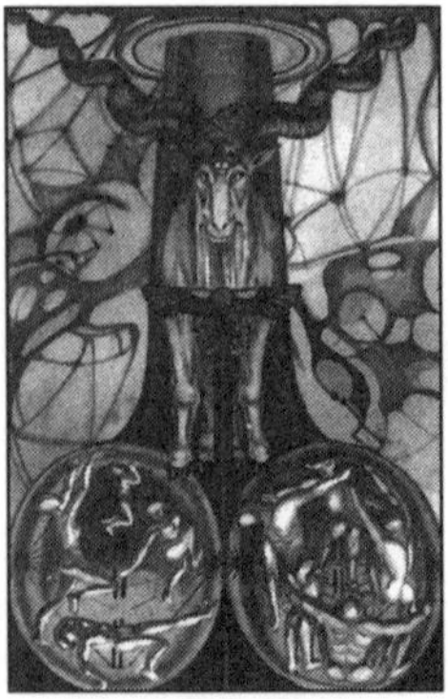

Umwertung der Werte

Lassen Sie sich nicht ins Bockshorn jagen. Hier haben Sie die Chance, sich ein paar alte »Hörner« abzustoßen.

Auf der einen Seite stellt der »Teufel« einen »Esel« dar. Eine wirkliche Dummheit, womit wir uns und anderen das Leben schwermachen. Darunter leiden wir, und diesen Teil des Schattens können wir jetzt loswerden, weil wir ihn erkennen. Auf der ganz anderen Seite verkörpert der »Teufel« ein Stück Instinktnatur, das wir sehr stiefmütterlich oder stiefväterlich behandelt haben, obwohl wir es brauchen und vielleicht bereits Sehnsucht nach ihm empfinden. Dieses können wir jetzt heimholen.

Stellen Sie sich also dem Unbekannten, beobachten Sie es, bis Sie genau wissen, was Sie davon nutzen können und was nicht.

Machen Sie nicht den Bock zum Gärtner. Kultivieren Sie das, worauf Sie Bock haben. Nennen Sie sich Beispiele für Ihre Kraft, in unbekannten Situationen klarzukommen. Vertrauen Sie auf die Macht der Ehrlichkeit, und gestehen Sie (sich) bisher unausgesprochene Wünsche und Ängste ein! Was Sie erleben, ist auch eine Bewährungsprobe für die Liebe. Geben Sie ihr eine neue Chance.

Fliegen lernen

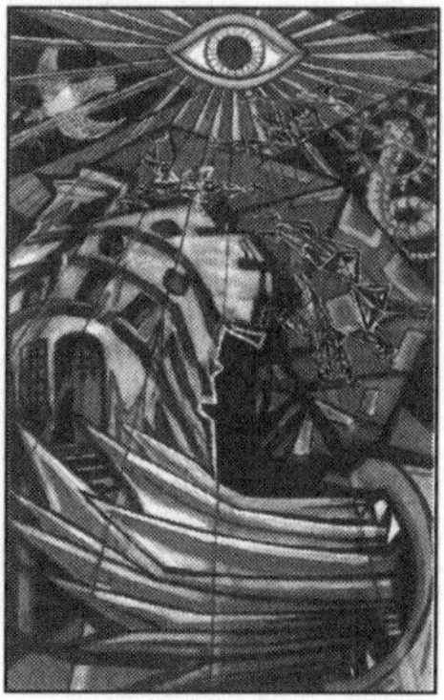

Das Pfingstereignis stellt eine Umkehrung des Turmbaus zu Babel dar. Der »Heilige Geist« (s. Taube mit Palmzweig) kommt in Gestalt von Feuerzungen auf die Jünger herab, diese beginnen zu reden, und jede/r hört sie in der eigenen Muttersprache reden. Statt Sprachverwirrung, also eine Aufhebung der Sprach- und Verständigungsgrenzen.

Babel und Pfingsten – zwei gegensätzliche Pole der Nutzung der höchsten Energien, die wir kennen. Zwei völlig verschiedene Arten, »aus dem Häuschen« zu geraten. Gewalt zerstört, führt zu Sprachlosigkeit und Verwirrung. Liebe dagegen hebt nicht nur die Sprachbarrieren auf, sie ermöglicht eine Verständigung über alle Grenzen hinweg.

Lassen Sie sich fallen! Riskieren Sie mehr Direktheit! Sie lernen, den »Tiger zu reiten« – und diesen Ritt um so mehr zu genießen, je bewußter Sie selbst mit den »Hochenergien« leben. Manchmal ist das Gewitter eines Streits, einer Trennung oder einer Kündigung angezeigt; manchmal das Feuerwerk einer neuen Liebe, der Durchbruch zu neuen Erfolgen und das Erlebnis ungekannter Höhepunkte. So oder so tritt »Gott« in Ihr Leben. Sind Sie dafür bereit?

Freiheit

Reiner Geist, wahre Schönheit. Kosmische Klarheit und personale Transparenz, doch auch gefrorene und fixierte Gefühle. Als Licht in der Nacht verkörpert der »Stern« unsere Hoffnungen. Er ist ein Inbegriff unserer Wünsche, aber auch jener Wunschträume, denen es an Bodenständigkeit fehlt. Die Karte kann sogar für Unverschämtheiten sowie für eine übertriebene Suche nach Sensationen stehen, wie sie sich in vielen Formen des Star- und des Fan-Kultes darstellt. Gefahr von Selbstverlorenheit oder Selbstverliebtheit.

Folgen Sie Ihrem Stern, finden Sie den Weg zu Ihren ureigenen Quellen. Zeigen Sie den Glanz, die Schönheit und Wahrheit Ihrer Person. Tauen Sie vereiste Gefühle auf. Schlimme Erfahrungen wollen verarbeitet und erledigt, schöne Hoffnungen zu Ende geträumt und verwirklicht werden!

Gehen Sie heute nacht nach draußen und betrachten Sie die Sterne! Lesen Sie vielleicht das Märchen von den Sterntalern. Fürchten Sie sich nicht, wenn Ihr bisheriges Selbstverständnis ins Wanken gerät. Sie sind einzigartig und bedeutend. Leben Sie Ihre Brillanz und Ihre Klarheit.

Erlösung

Das kollektive Unbewußte, die »ozeanischen« Gefühle. »Der Mond« ruft verborgene Regungen ans Licht, wie den Krebs, uralte Gefühle und Instinkte. Wie eine Vollmondnacht kann dies alles recht aufwühlend wirken. Hier ist Ihr Mut zu großen Gefühlen gefordert!

Schützen Sie sich vor falschem Glauben, und stärken Sie berechtigtes Vertrauen.

Ihre große Chance: daß Sie sich in jedes lebende Wesen einzufühlen vermögen. Nichts Menschliches bleibt Ihnen fremd, und Sie finden in Vergangenheit, Gegenwart und Zukunft gleichermaßen Heimat. Sie werden lernen, sich auch in großen Strömen zu bewegen, ja, freizuschwimmen. Finden Sie eine Einstellung zu dem, was nicht mehr kalkulierbar und nicht allein verstandesmäßig faßbar ist. Auf jeden Fall eine Karte, die Sie ermuntert, das Herz zu öffnen und jede Selbstbefangenheit abzulegen.

Nehmen Sie die »großen Gefühle« als eine Realität, die gelebt sein will, wie alle anderen Aspekte der Wirklichkeit auch. Schauen Sie sich möglichst viele Erfahrungen an, und berücksichtigen Sie sie alle. Machen Sie Frieden mit Gott und der Welt. Ein guter Grund, zu meditieren, zu schwimmen und zu tanzen!

Selbst-Verständlichkeit

Sobald wir die Kinderschuhe ausgezogen haben, gehört ein bewußter Akt, ein »Sprung über die Mauer« dazu, wieder Kind zu werden. Dieser Akt wird die »Zweite Geburt« genannt. Sie wirkt wie eine Heimkehr, wie ein Happy-end, und sie öffnet den Weg in die Welt, wie kaum eine andere Erfahrung.

An die Stelle eines herkömmlichen Verhaltens und Denkens tritt ein selbsterprobter Lebensstil. Wahlverwandtschaft ersetzt Blutsverwandtschaft (wobei man natürlich auch die alten als die neuen Verwandten bestätigen kann). Wille und Bewußtsein bestimmen die großen und die kleinen Dinge des persönlichen Lebens anstelle von Gewohnheit und Wiederholung. So sei es.

Finden Sie den Platz, an dem für Sie die Sonne scheint! Hüten Sie und schützen Sie sich vor Blendwerk. Vertrauen Sie sich dem Strom der Lebensenergie in Ihnen und um Sie herum an. »Liebe Gott, und tu, was du willst« (Augustinus). Nennen Sie sich (drei) Wünsche, über deren Erfüllung Sie sich sehr freuen würden. Nehmen Sie den intensivsten davon, und machen Sie sich sofort auf den Weg.

Transformation

Äon bedeutet *neue Zeit, neues Zeitalter, neuer Lebensabschnitt:* Offenbarung, Transformation und Auferstehung. Der »jüngste Tag« ist *heute*. Ohne zu »erinnern, wiederholen und durcharbeiten« bedeutet Wiedergeburt jedoch vor allem Wiederholung.

Aufgaben oder Möglichkeiten, mit denen Sie schon lange »schwanger« gingen, werden jetzt Wirklichkeit. Es ist eine Karte, die Sie auffordert, auch die extremen Seiten des Lebens zu unterscheiden und zu integrieren.

Ziehen Sie einen Strich unter das, was war. Lernen Sie, zu verzeihen, ohne zu vergessen. Geben Sie sich und anderen eine neue Chance. Lassen Sie sich nicht überwältigen.

Alles ist wichtig, aber Sie können wählen, wie Sie mit *allem* umgehen. Eine Unterbrechung der täglichen Routine wirkt Wunder. Entwickeln Sie Leitbilder und Visionen, die den wirklichen Erfahrungen und Bedürfnissen gerecht werden! Ihnen stehen enorme Energiereserven zur Verfügung. Bringen Sie sie jetzt ins Spiel!

Lebensaufgabe

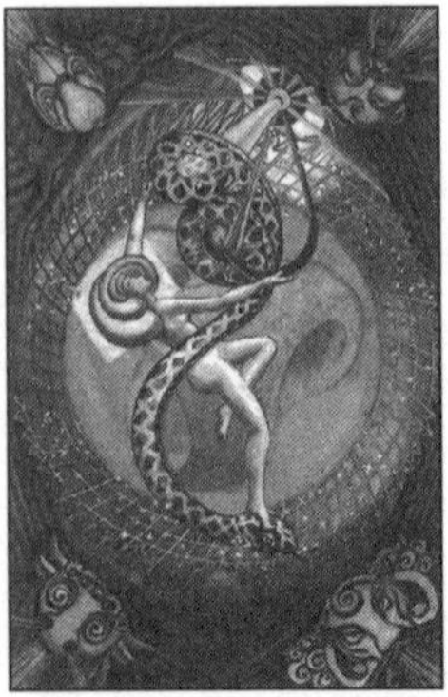

Die Gewißheit, daß alles seine Zeit besitzt, macht es Ihnen nun leichter, die Zeichen der Zeit zu erkennen und selber Zeichen zu setzen. Für Männer ist es wichtig, sich in der Frau zu erkennen, um das Universum zu verstehen. Für Frauen heißt es, sich im Universum zu erkennen, um sich selbst zu verstehen.

Nichts ist aus sich allein heraus verständlich. Zu jedem Satz gibt es einen Gegensatz, zu jedem Spruch einen Widerspruch. Der Zweck der Auseinandersetzung mit diesen Polaritäten des Lebens ist die Entdeckung der persönlichen Aufgaben in diesem Leben.

Die richtigen Lebensaufgaben erkennen Sie daran, daß Sie eine ganze Lebensspanne benötigen, um sie zu erfüllen, und daß Ihre wesentlichen Talente dabei sämtlich gefordert werden. Die richtige Lebensaufgabe ist das Wesentliche in jedem Augenblick.

Bringen Sie Ihre aktuellen Fragen mit Ihren Lebenszielen in Verbindung. Finden Sie heraus, welchen Beitrag Sie jetzt zur Klärung und Erfüllung Ihrer Lebensaufgabe leisten können. Werfen Sie Ballast ab, und befreien Sie Dich aus unnötigen Verpflichtungen.

Bei »Gott«

Als Narr sind Sie wunschlos glücklich. Das mag verlockend klingen. Aber es ist auch eine Warnung. Ihre Wünsche und Ängste sind Hypothek und Kapital zugleich. Nehmen Sie es nicht auf die leichte Schulter, wenn Sie das Gefühl haben, etwas zu versäumen. Erst die Aufhebung der Wünsche und der Ängste macht Sie im guten Sinne wunschlos glücklich. Denn die Null warnt auch vor einem Leben nach der Devise »Außer Spesen nichts gewesen«.

Der »Nullpunkt« bezeichnet einen Schnittpunkt, den innerpersönlichen Ursprung; wie der Nullpunkt eines Koordinatensystems: Von hier aus ist alles möglich! Die Fülle der Möglichkeiten schenkt Ihnen Freiheit und Geborgenheit zugleich.

Als »Narr« sind Sie frei für Experimente und frei, daraus zu lernen. Frei, Antworten nicht zu kennen oder Ihre Position zu ändern, frei, der Intuition und »Gott« (der Lebensmitte, der Lebenskraft) zu vertrauen. Was waren Ihre ursprünglichen Ziele? Gehen Sie zu Ihren Wurzeln, Sie finden dort eine neue Aufgabe. Seien Sie nicht zu streng mit sich und der Welt. Schenken Sie jemandem Ihre Liebe, und lassen Sie andere an sich heran. Die Aufhebung Ihrer Wünsche und Ängste ist das A und O.

Stäbe

Element Feuer. Schlüsselbegriff ist der Wille. *Triebe und Taten.*

Wie im Feuer Edelmetall geläutert und Schlacken abgestoßen oder verbrannt werden, so bewirkt das Lebensfeuer, das in uns brennt, eine Läuterung des Willens. Durch Feuerproben verwandelt sich der einfache oder spontane Wille in dem berühmten wahren Willen. Viele Funken werden zu einem Feuer, viele Energien verschmelzen in einem Brennpunkt.

Es muß etwas geschehen! Die Antwort auf eine gesuchte Frage erhalten Sie bei einer Stab-Karte, wenn Sie etwas tun, sich selbst und andere in Bewegung setzen oder in Bewegung bringen lassen.

Assoziationen zu den Stäben: Das Holz, das dem Feuer Nahrung gibt. Phallus-Symbol, Hexenbesen, Sprößling (auch: Kind), Wurzel (auch: Vorfahre). Lebensenergie, Energieverbrauch, Wachstum, Alterung. Feuerwerk, Fegefeuer. Das männliche Erbe. Sonne. »Klopf auf Holz!« – so kommen Sie »auf einen grünen Zweig«.

Power auf Dauer

Wie die amerikanische Freiheitsstatue, mit ihren langen Haaren auch wie Rapunzel auf hohem Turm. Die Katze ist sinnlich, anschmiegsam, aber auch reißerisch.

Ihre Selbstbehauptungskraft und eine lebendige Sexualität sind Garanten Ihres Erfolgs und Ihres Wohlbefindens. Ihre aktuellen Fragen erfordern Leidenschaft und Bewußtsein und immer eine besondere Treue zu sich selbst! Zeigen Sie, was in Ihnen steckt. Bestimmen Sie Ihre Lebensziele selber und verwirklichen Sie Ihre Lebensfreude!

Lassen Sie die Katze aus dem Sack! Zeigen Sie, was in Ihnen steckt! Verlassen Sie sich auf Ihre Schöpferkraft und auf die Fähigkeit, zur richtigen Zeit einzugreifen und die Dinge in Bewegung zu setzen. Vielen ängstlichen oder zu vorsichtigen Menschen können Sie eine wichtige Hilfe sein. Ihre Fähigkeit, etwas in Bewegung zu setzen, ist ein besonderes Talent. Sie besitzen und Sie brauchen Ziele, die sich wirklich lohnen, die Ihre höchsten Ideale und Ihre tiefsten Energien herausfordern. Entscheiden Sie sich auch in Ihren jetzigen Fragen! Nennen Sie sich (zwei) Beispiele für Ihre Fähigkeit, aus dem scheinbaren Nichts etwas zu schaffen.

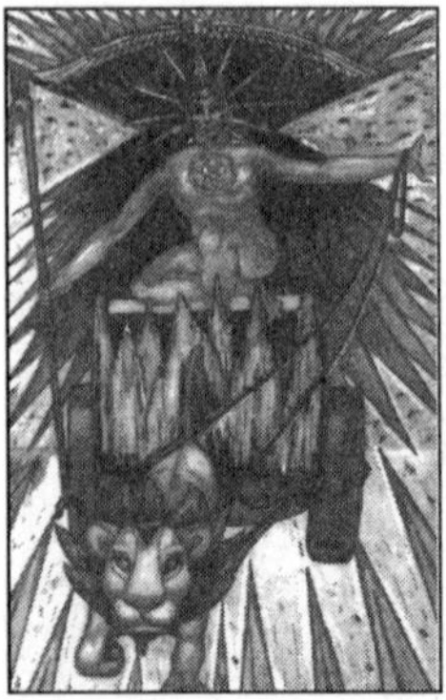

Feuerprobe

In der Rechten des Prinzen der Phönixstab. Der Vogel Phönix ist das Fabeltier, das sich selbst verbrennt, um aus der Asche wieder zu erstehen. So erlebt der Wille hier Tod und Wiedergeburt. Auch Sie können Feuerproben aushalten. Sie brauchen sie sogar. Denn nur im Feuer können Ballaststoffe verbrennen; die Schlacke setzt sich ab, und das Edle tritt hervor. Ihr Wille erlebt Tod und Wiedergeburt. Wenn Sie Feuerproben grundsätzlich bejahen, vermögen Sie sich um so besser vor ungesundem Streß zu schützen.

Nehmen Sie also die Aufgaben und die Herausforderungen des Augenblicks an. Greifen Sie zu, ziehen Sie sich nicht im entscheidenden Moment wieder zurück. Auch überspitzten Aggressionen und einem hehren Draufgängertum treten Sie am besten entgegen, wenn Sie ganz und gar für das, was Sie lieben, durchs Feuer gehen!

Nennen Sie sich Beispiele dafür, daß Sie bereit und fähig sind, für Ihre Herzenswünsche wirklich alles zu tun. Kümmern Sie sich um eine gute Selbstdarstellung – und um Menschen in Not. Die große Herausforderung: Ganz verschiedene Lebensziele – wie z. B. ein emanzipiertes, sexuell aktives und künstlerisches Leben, Karriere und Familie – gleichzeitig zu verwirklichen!

Farbe bekennen

Feuersturm, Flammenmeer, Feuerprobe, Feuerwerk. Bäumt sich das Pferd auf oder fliegt es? Ein geflügeltes Pferd ist winzig klein auf dem Helm des Reiters zu erkennen. Ein »wüstes« Leben oder aber die Kunst, eine Wüste in einen Garten zu verwandeln. Lebensaufgaben, die so groß sind, daß Sie all Ihre Kräfte darin entfalten und zuspitzen können.

Gehen Sie aus sich heraus, bringen Sie Ihr Inneres nach außen, nicht ohne Rücksicht auf Verluste, aber ohne Rücksicht auf bestimmte Vor-Erwartungen oder Vor-Urteile. Bleiben Sie in Bewegung. Personen und Ereignisse werden Ihnen in ihrer Bedeutung klar, wenn etwas geschieht.

Engagieren Sie sich und bringen Sie sich ganz ein. Verstehen Sie, wonach Sie und andere suchen! Auf Sie warten große Aufgaben und Abenteuer. In Ihnen stecken enorme Energien. Bringen Sie damit Licht ins Dunkel, helfen Sie Schwächeren, und machen Sie sich stark für sinnvolle Projekte, die vielen Menschen echten Nutzen bringen! Handeln Sie selbständig und feinfühlig! Deuten Sie Ihre Wunschträume: Nehmen Sie sie ernst, aber nicht für bare Münze! Zünden Sie heute Kerzen an. Jede für eine der kommenden Wochen. Widmen Sie jede Kerze einem besonderen Anliegen.

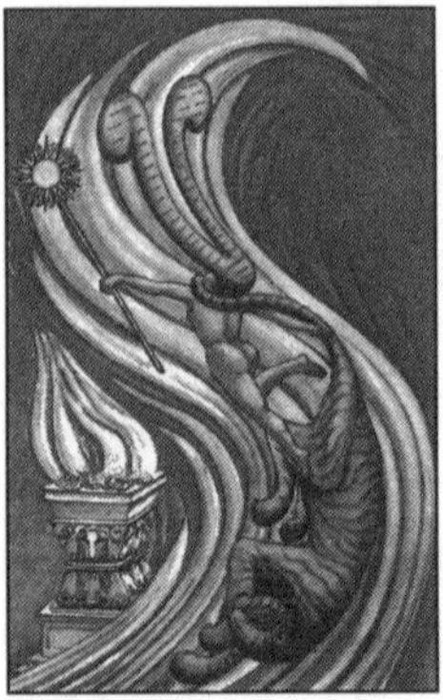

Feuer und Flamme

Der Tigerpanther zieht nach unten, und die menschliche Figur mit der Sonne in der Hand strebt nach oben. Man ist »Feuer und Flamme«, und die Kraft der Begeisterung reißt förmlich mit. Der Trieb ist stärker als die Lebenserfahrung. Es geht um neuartige Erfahrungen. Tatendrang und Wachstumslust stellen Sie jetzt vor die Aufgabe, über sich selbst hinauszuwachsen.

Gleichgültig, ob Sie an gezählten Jahren jung oder alt sind, hier erfahren Sie Frühlingsgefühle, neue Angebote, neue Herausforderungen, Chancen, Bewährungsproben und Bestätigungen für Ihren Willen und Ihre Lebendigkeit. Begreifen Sie Energien, die größer sind als Sie selbst. Hüten und schützen Sie sich vor Eiferern und vor Irrlichtern. Halten Sie sich fest an das, was Ihr Herz in Schwung erhält!

»Wer viel gewachsen ist, ist auch sehr alt geworden. Nur wenn man Feuerproben bejaht und als innere Reinigung erlebt, kann man alt an Erfahrung und an Jahren werden, ohne alt im Herzen oder alt im Kopf zu sein. Man muß sich würdigen Zielen bewußt weihen« (Susanne Peymann). Nennen Sie sich (zwei) Beispiele aus der letzten Zeit, die belegen, daß Sie ganz Feuer und Flamme sein können.

Lebenskraft

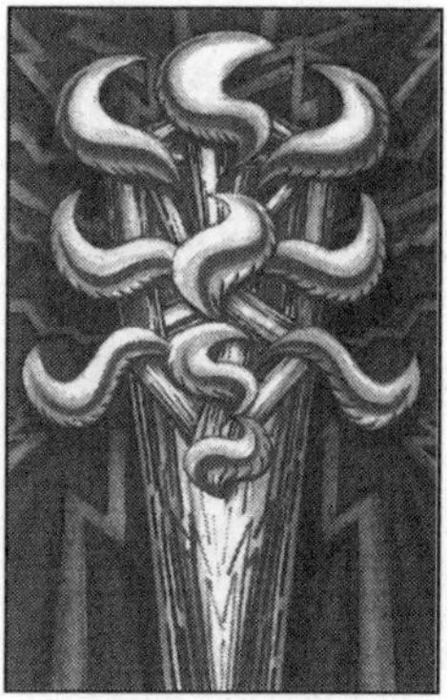

Das Feuer schenkt Ihnen die Flamme der Begeisterung, die Farbe der Lebendigkeit und die Dynamik des Willens. Es ist ein Geschenk des Lebens, daß Sie jetzt das Feuer noch einmal neu entdecken und in die Hand nehmen können. Der Wille zu sich selbst und die Lust, über sich hinauszuwachsen, stellen die beiden Pole eines Feuerstabs dar. Tragen Sie dazu bei, daß menschliche Kälte, Farblosigkeit und »tote Hosen« ebenso in ihre Schranken verwiesen werden, wie die ohnmächtigen und gewaltsamen Feuerkräfte, die über die Erde irrlichten.

Sexualität, Kreativität, das Leben mit Kindern und Alten (auch mit dem inneren Kind und dem weisen Alten in sich) fördern die kunstvolle Nutzung des Feuers. So spinnen Sie Stroh zu Gold. Lassen Sie sich von niemand das Gesetz des Handelns aufzwingen. Sie haben das Heft in der Hand.

Gehen Sie aufs Ganze! Überwinden Sie unnötige Hemmungen und haltlose Sorgen. Entdecken Sie die Kraft der Schöpfung, die in Ihnen und durch Sie wirkt, die in Ihre Hand gegeben ist und von der Sie gleichzeitig ein unendlich kleiner Teil sind. Entdecken Sie Ihre schöpferische Macht, Ihren Willen und Ihre Lebensziele! Zünden Sie heute ein Feuer an!

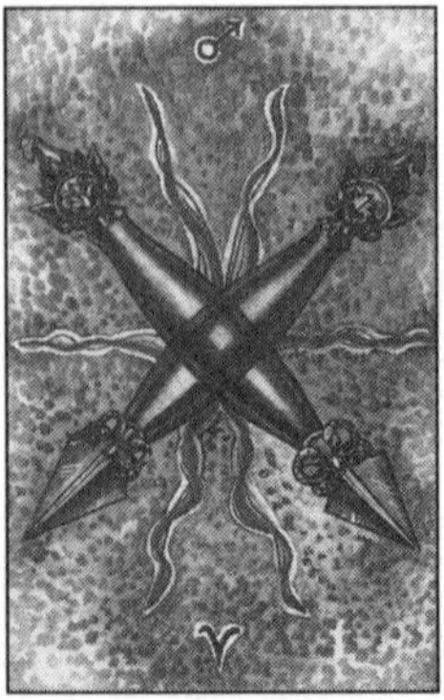

Selbstvertrauen

Lust und Last des Anfangs: Die Kunst, mit vielen Menschen, Aufgaben und Energien etwas anfangen zu können. Nur wer auch Anfänger/in sein kann, lernt sein Metier zu beherrschen.

Zwei Flammen brennen in Ihrem Leben. Triebe oder Taten, die sich widersprechen oder ergänzen. Dabei geht es um Grundenergien, um zwei grundsätzliche Triebe, die zwar auf einen Nenner zu bringen sind, deren richtige Handhabung jedoch Mühe macht. Lassen Sie sich nicht in eine Zwickmühle treiben. Die Botschaft dieser Karte lautet: Es gibt eine sinnvolle Lösung. Es ist möglich, auch riesige Konflikte zu meistern. Auf einen groben Klotz gehört ein grober Keil. Sie haben die Kraft, »Herrscher« im eigenen Leben zu sein und ein persönliches »Reich« zu errichten.

Dabei zählen Vertrauen in die eigene Kraft, Entschlossenheit und Beherrschtheit. Vermeiden Sie Stückwerk. Aber teilen Sie sich Ihre Aufgaben in handhabbare Stücke ein! Warten Sie solange, bis sich Ihre Sicht der Dinge rundet und bis Ihr Entschluß feststeht. Wenn Sie soweit sind, zögern Sie nicht länger, bringen Sie Ihren Ball ins Spiel! Handeln Sie mit ganzer Macht. Sorgen Sie für eine gute Durchblutung! Wenn Sie sich bewegen, wissen Sie, was zu tun ist!

Mit Begeisterung

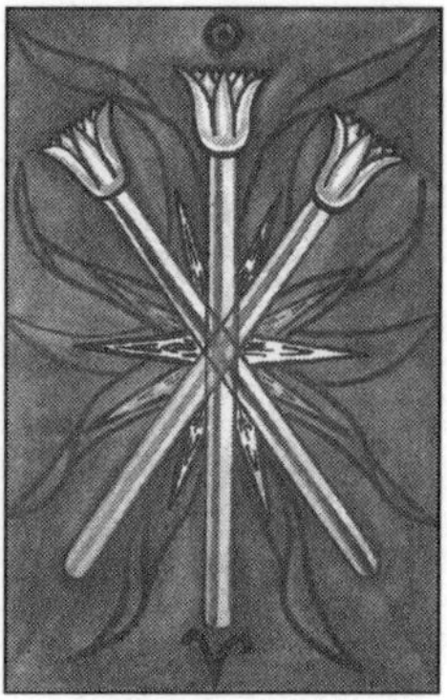

Setzen Sie sich für Ihre Sache ein, beginnen Sie, auch wenn andere noch nicht anfangen. Wenn Sie sich ganz hineingeben, können sie andere »anstecken« und mitziehen. Zeigen Sie Ihre Krallen, wenn es sein muß, und schnurren Sie vor Behaglichkeit, wenn die Lebenskraft Sie durchfließt und durchwärmt. Den »Platz an der Sonne« zu finden, heißt, sein »Happy end« zu erreichen. Das ist wie eine persönliche Wiedergeburt. Ein neues Leben mitten in diesem Leben!

Seien Sie geduldig und fest in Ihrem Willen. Halten Sie Ausschau nach neuen Lösungswegen! Suchen Sie Besonnenheit, auch und gerade wenn Sie sich mit Entschlossenheit engagieren. Bewußtheit in und bei Ihren Aktionen ist der springende Punkt. Lassen Sie sich nicht verheizen. Es gibt bessere Lösungen, die Ihre Begeisterung fordern und fördern.

Bevorzugen Sie solche Lösungen, bei denen Konflikte nicht verschlimmert, sondern aufgehoben werden. »Even the bad times are good« – sogar schlechte Zeiten sind gute Zeiten, wenn Sie die Sonne in Ihrem Herzen tragen!

Kraftplatz

Diese Karte gleicht einer Quadratur des Kreises: Sie beinhaltet (scheinbar) unlösbare Widersprüche. Und doch kommt es darauf an, daß Sie eine Lösung finden. Eine Karte der Hoch-Energie! Gefahr, zu kurz zu kommen und zu »rotieren«. Chance der Verbindung vielfältiger, ja, gegensätzlicher Energien. Bringen Sie Ihre persönliche Identität zur Geltung als die Frau bzw. der Mann, der/die Sie sind!

Einen »Kraftort« finden Sie nicht nur an bestimmten Naturschauplätzen oder magischen Stätten. Kraftzentren finden Sie überall, wo sich optimal entfalten kann, was zu einem blühenden Leben dazugehört.

Erschrecken Sie nicht vor den widersprüchlichen Erfordernissen des Augenblicks. Fassen Sie den Mut, diese nicht nur zu meistern, sondern darin neue kreative Möglichkeiten zu entdecken. Bringen Sie die Widersprüche zum Tanzen!

Gehen Sie für sich selber keine Kompromisse ein, wenn es um Grundüberzeugungen und persönliche Wahrheiten geht! Nennen Sie sich (vier) Beispiele für Ihre Fähigkeit, auch ohne Rückendeckung und ohne Vorbild zu handeln, wenn es darum geht, authentisch, das heißt, wahr und echt zu sein – und zu bleiben.

Willensbildung

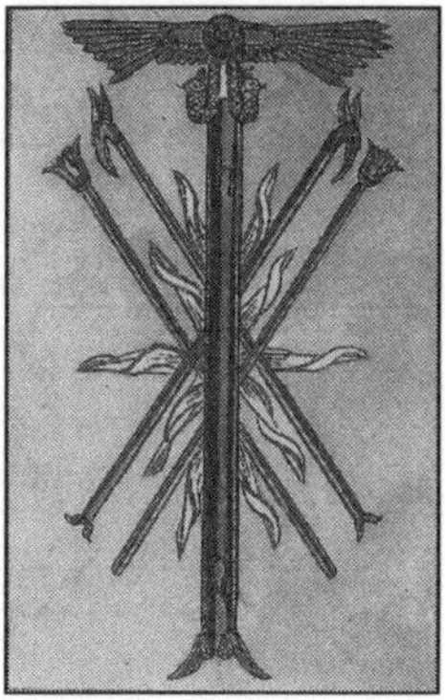

Der große Stab trägt an der Spitze das Uräuszeichen, nachempfunden dem Zeichen der alten Ägypter für Sonne, Sonnengott und Pharao. Phönixkopf und Blüte krönen die vier kleinen Stäbe. Nur wenn »viele Flammen« brennen, bildet sich Ihr persönlicher Wille immer wieder neu und bleibt selber lebendig.

Verzichten Sie darauf, Ihre Willenskraft vor allem daran zu messen, ob Sie einmal ausgedachte Vorstellungen auch verwirklichen können. Der Lauf der Dinge zeigt Ihnen vielmehr, was Sie selber wollen und was das Leben von Ihnen »will«. Diese Impulse zu verstehen, ist nicht immer leicht. Doch diese aufzugreifen, bringt unendlich viel mehr.

Entscheiden Sie sich ganz für Ihre Ziele. Halbe Sachen ruinieren Ihre Energie. Kombinieren Sie die vorhandenen Energien und Kräfte, fassen Sie sie zusammen! Beziehen Sie andere in Ihre Vorhaben ein! Spielen Sie Mikado. Werfen Sie ein I-Ging. Oder ziehen Sie fünf Tage lang eine Tarot-Karte, jeweils eine. Errechnen Sie dann die Quersumme dieser fünf Karten, und nehmen Sie die daraus folgende Tarot-Karte (aus den Großen Arkana) als Spiegel für das aktuelle Zentrum des Feuers in Ihnen!

Gutes Gelingen

Flächenfeuer oder Sparflammen? Sechs Stäbe in Gitterform: Verzettelung und Blockierung oder Vernetzung und Ergänzung von Energien, Trieben und Taten. Die Stäbe tragen Blüte, Phönix und Sonnenzeichen.

Lassen Sie sich nicht einschüchtern, und stellen Sie Ihr Licht nicht unter den Scheffel! Machen Sie sich nicht abhängig von Bewunderern. Sparen Sie nicht mit Zustimmung und Anerkennung. Vertreten Sie, was Sie innerlich bewegt, und setzen Sie sich ganz dafür ein. Lassen Sie sich nicht überwältigen, und setzen Sie auch andere nicht unter Druck! Folgen Sie dem, wofür Sie eine Schwäche besitzen, und treten Sie für Ihre innersten Überzeugungen ein. Dann sind Sie wie ein Lauffeuer: Nicht aufzuhalten!

Denken Sie an einige Beispiele dafür, daß Sie eigene und fremde Bestrebungen, Stärken und Schwächen, gewollte und ungewollte Ereignisse unter einen Hut bringen können! Denn darauf kommt es auch jetzt wieder an.

Energie-Umwandlung

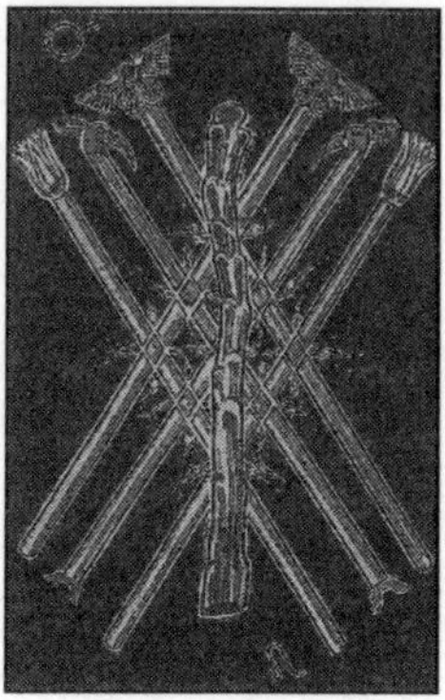

Die Situation erlaubt und verlangt es, die vorhandenen Energien auf neue Grundlagen zu stellen und zu neuen Höhen zu emporzubringen. Überwinden Sie Mutlosigkeit und blinden Eifer, verlassen Sie sich nicht auf dramatische Entscheidungen oder halbherzige Aktionen. Erfolg ist jetzt eine Frage eines anderen Stils in Ihren Bemühungen. Spitzen Sie Ihre Kräfte zu. Entspannen Sie sich, um sich zu konzentrieren.

Je mehr Sie die Tatsachen anerkennen, um so besser können Sie Ihrem Willen zum Erfolg verhelfen. Denn je besser Sie ein Ereignis durchleuchten und verstehen, um so deutlicher erkennen Sie Ihre Aufgaben und Ihre Chancen. Jeder Versuch, die Dinge zu manipulieren, um dadurch den eigenen Willen »durchzudrücken«, ist jetzt überflüssig, ja, sogar hinderlich.

Konzentrieren Sie alle spürbaren Energien, handeln Sie damit, ohne sich auf ein bestimmtes Ergebnis zu fixieren. Machen Sie sich eine Liste mit den (sieben) wichtigsten Wünschen oder Aufgaben. Beginnen Sie mit dem Dringendsten.

Höhere Verantwortung

Geben Sie sich ganz in das, was Sie bewegt und was Sie bewegen, hinein! Die acht Energiepfeile gehen über den vorliegenden Rahmen hinaus, sie sprengen ihn, um zu einer höheren Einheit zu finden (Regenbogen). Ihre Lebendigkeit kann nun auf vielen Ebenen gleichzeitig Ergebnisse erzielen und Erfahrungen sammeln.

Liebe Gewohnheiten und alte Vorstellungen müssen Sie nicht länger aufhalten. Wenn Sie von dem ausgehen, was Sie und andere wirklich wollen, können Sie sich von Hindernissen und Hemmungen befreien. Sie besitzen und Sie brauchen ein größeres Maß an Verantwortung: An wirksamen *Antworten* auf das, was Sie und andere bewegt.

Beenden Sie einen unerwünschten Schwebezustand. Bekennen Sie Farbe und verwirklichen Sie den Zauber, der in Ihnen steckt! Sie können vielfältige Unterstützung gewinnen.

Sorgen Sie für einen guten Energiefluß und gute »Schwingungen«, im Umgang mit sich selber und anderen. Machen Sie sich bewußt, was Sie und andere wirklich motiviert! Dann werden Sie ohne allzu große Mühe viele Interessen unter einen Hut und viele Energien in Bewegung bringen!

Hellwach

Sonne und Mond können sich zu einer kraftvollen Allianz verbinden – allerdings auch zu einer ebenso starken Opposition. Ihr Weg, der diese beiden Königskinder zusammenbringt, ist der Weg der Wünsche! Die Aufhebung der persönlichen Wünsche und Ängste ist der rote Faden, und das bedeutet: Wünsche und Ängste praktisch aufgreifen und im einzelnen erfüllen bzw. abbauen.

Grau ist alle Theorie. Welche Wünsche sind wichtig? Welche Ängste sind nichtig? Achtsamkeit und Intuition sind das Gebot der Stunde. Global denken, lokal handeln! Steigern Sie Ihre Aufmerksamkeit. Erhöhen Sie Ihre Kraft, mit wachen Sinnen zu erfassen, was geschieht, und darauf angemessen zu reagieren. Ihre Wahrnehmungen sind der Schlüssel für Ihre aktuellen Fragen.

Jeder echte Schritt auf dem Weg der Wünsche beschert Ihnen Erfahrungen, die zählen, weil darin das Leben pulsiert. Ihre aktuellen Lösungen hängen damit zusammen, lebendiger zu leben und mehr vom Leben zu mitzubekommen. Beflügeln Sie Ihre Sinne! Ihre Träume können Sie nicht im Traum verwirklichen.

Volle Kraft

Sie besitzen und entdecken Aufgaben, die so groß sind, daß sie Sie ein ganzes Leben lang beschäftigen und in Schwung halten! Wunderbar, lassen Sie »hundert Blumen« blühen! Wenn Sie den Menschen, den Ereignissen, den Sachfragen usw. Ihre ungeteilte Zuneigung schenken, verstehen Sie sie in der jeweils eigenen Logik.

Wenn Sie aber das Gefühl haben, sich zuviel aufgeladen zu haben oder in eine Sackgasse zu geraten, ist Ihr Wille momentan zu schwach, weil er nicht die ganze Bandbreite von Stäben (Trieben, Neigungen) erfaßt. Mit Gewalt blockieren Sie sich noch mehr. Werfen Sie Ballast ab und begreifen Sie neu, worum es geht!

Geeignete Lebensaufgaben zeichnen sich dadurch aus, daß sie alle Ihre Kräfte mobilisieren und alle zugänglichen Energien bündeln. Sie führen Sie über sich selbst hinaus, schaffen Ziele außerhalb der eigenen Person und verhindern ein »Doppelleben«, indem Ihre Wünsche zur Wirklichkeit und der Alltag zum Abenteuer werden. Es ist eine Frage der Abgrenzung von haltlosen Wünschen und von leblosen Pflichten. Und eine Frage der Zuneigung – der Zuneigung zum Leben: Man muß sich vorwagen und ganz hineingeben. So haben Sie die Nase vorn.

Kelche

Element Wasser. Schlüsselbegriff ist die Seele. *Gefühle und seelische Bedürfnisse.*

Praktisch geht es hier stets darum, daß »es« fließt. Ihre Seele zeigt Ihnen die richtige Antwort. Bleiben Sie auf dem laufendem und halten Sie die Dinge im Fluß. Beachten Sie die Bedürfnisse Ihrer Mitmenschen und berücksichtigen Sie alle wirksamen Gefühle.

Wasser ist an sich ungreifbar. Durch die Kelche wird es faßlich. Die Kelche sind ein Inbegriff bestimmter Gefühle. Die Kelche stellen vor allem unsere Wünsche und Ängste dar, in denen sich die fließenden Empfindungen der Seele fixieren oder konkretisieren.

Assoziationen zu den Kelchen: Das Gefäß, das dem Wasser Halt gibt. Symbol des weiblichen Schoßes und des weiblichen Erbes. Die Gralssuche der Ritter der Minnezeit. Quelle (auch: Herkunft), Mündung (auch: Bestimmung). Das Wasser des Lebens und des Todes, Jungbrunnen, Taufe. Tränen, Trunkenheit, Mond.

Kostbarkeit der Seele

Die Stimme des Herzens: Entweder blickt die Königin auf die Wasseroberfläche und sitzt vordergründigen Eindrücken auf, dem Schein, den Vorspiegelungen. Oder der Wasserspiegel besagt, daß alles, was geschieht, hier seelisch reflektiert, gebrochen und verarbeitet wird.

Hier geht es um die Überwindung der Halbheiten im Seelenleben! Geschlossenheit und Offenheit der Seele zur gleichen Zeit sind Voraussetzungen eines intakten Seelenlebens und Quellen der Persönlichkeit. Zusammen bewirken sie, daß wir nicht zerfließen, nicht verhärten – und seelisch ein eigenes Leben führen.

Sorgen Sie dafür, daß Sie sich zur gleichen Zeit seelisch öffnen und unterscheiden (abgrenzen) können. Wann immer dies gelingt, »stimmen« Ihre Gefühle. Dann sind Sie guter Stimmung und sprechen als Person mit einer Stimme.

Gehen Sie an einem Fluß oder an einem See spazieren. Setzen Sie sich dort nieder und meditieren Sie. Atmen Sie und fühlen Sie! Schmücken Sie sich und Ihre Lebensumgebung. Zeigen Sie die Schönheit und die Kostbarkeit Ihrer Gefühle. Öffnen Sie das Herz – für alles, nicht für jedes.

Tragendes Verlangen

Das Wasser trägt: Leidenschaftliches Verlangen verdichtet die Gefühle und macht sie zur Grundlage des Verhaltens. Das Verlangen unterscheidet sich vom bloßem Gefühl dadurch, daß es eine zusätzliche Dynamik, eine erhöhte Betroffenheit und Verbindlichkeit ins Spiel bringt.

Aus der ägyptischen Mythologie stammt die Transformationsreihe Skorpion, Schlange, Adler. Die geringelte Schlange verweist auf Instinkte und Triebe; deren Bedeutung liegt in einer Bandbreite zwischen Plattheit und Weisheit.

»Wer nicht begehrt, lebt verkehrt«: Da gibt es Gefühle und Ahnungen, verlockende Wünsche und mitunter verwirrende Bedürfnisse, die auf Klärung warten. Schauen Sie unter die Oberfläche. Sobald Ihnen auch verborgene Emotionen deutlich werden, besteigen Sie den Thron der Kelche. So werden Sie zum Kapitän (zur Kapitänin) in Ihrem Leben.

Folgen Sie dem »Weg der Wünsche«. Gehen Sie den Gefühlen (aller Beteiligten) auf den Grund. Haben Sie den Mut, Ihr wahres Verlangen zu ermitteln und auszudrücken. Sorgen Sie dafür, daß Sie keine »Leichen im Keller« haben. Klären Sie alte Erinnerungen und Erwartungen.

Flügel für die Seele

Der Krebs symbolisiert uralte Gefühle und Instinkte. Die riesigen Flügel stellen ein beflügeltes Lebensgefühl dar, aber auch die Gefahr, in eine Traumwelt zu flüchten. Wo Gefühle und seelisches Verlangen so groß werden, daß Sie sich zum Beispiel auf eine ganze Lebensspanne beziehen, können Sie nie durch die bisherigen Erfahrungen allein widerlegt oder bestätigt werden. Die »großen Gefühle« sind also ganz wesentlich eine Sache des Glaubens. Ein vernünftiger oder bewußter Glaube verträgt sich wunderbar mit Wissen und Bewußtsein. Nur daß der Glaube erst da anfängt, wo das Wissen seine tatsächlichen Grenzen erreicht hat.

Prüfen Sie, woran Sie glauben und wem Sie vertrauen. Welche seelischen, emotionalen und spirituellen Ziele verfolgen Sie? Vermeiden Sie Gutgläubigkeit und ein allgemeines Mißtrauen. Untersuchen Sie und fragen Sie nach. Finden Sie heraus, was Sie langfristig bewegt und trägt. Rechnen Sie nach. Aktualisieren Sie Ihre Buchhaltung. Finden Sie einen vertrauenswürdigen Gesprächspartner. Nutzen Sie Herz und Verstand, um große Gefühle wahrzunehmen – und in die Tat umzusetzen.

Seelische Leichtigkeit

Leichtigkeit und Leidenschaft. Gefahr der Kristallisierung: daß sich etwas fixiert und verhärtet. Im positiven Fall stehen die Kristalle für geklärte Gefühle und klares Verlangen, für einen transparenten, durchsichtigen Glauben.

Eine effektive Leichtigkeit in seelischen und Herzens-Angelegenheiten verlangt eine Lösung für wichtige persönliche Wünsche und/oder Ängste. Ringen Sie um Klarheit und seelische Wahrheit.

Wenn Sie sich und Ihre Mitmenschen verstehen, heilen Sie Wunden und lernen wahre Wunder kennen. Fruchtbare Leidenschaften fördern den Fluß der Dinge, schaffen bleibende Momente und Kostbarkeiten im Strom des ewigen Wandels.

Es hat jetzt wenig Sinn, »schmutzige Wäsche« zu waschen, in Fehlern, Schwächen und Ängsten zu wühlen. Hingegen: Putzen, abwaschen, säubern, duschen, schwimmen, baden – all dies kann jetzt Ihren seelischen Prozeß unterstützen. Ebenso gut tun fließende Tränen oder auch eine Trinkkur. Reinigen Sie Ihr »emotionales Konto«, begleichen Sie Schulden und holen Sie Außenstände ein – zwar auch finanziell, aber vor allem emotional und spirituell.

Wunder des Lebens

Ein Geschenk des Lebens, daß Sie Ihren Kelch neu begreifen können. Der Jungbrunnen im Märchen und der Ritus der Taufe (in seiner ursprünglichen Form, wobei man in ein Gewässer oder ein Taufbecken stieg, um mehrmals vollständig darin einzutauchen) symbolisieren Ihre Fähigkeit, in diesem Leben zu einem neuen Leben aufzustehen.

Hören Sie in sich, was Sie sich wünschen, was Sie brauchen, um sich »wie neugeboren« zu fühlen! Lassen Sie »es« fließen, und unterscheiden Sie zwischen fließenden und über-flüssigen seelischen Bedürfnissen.

Mut zum Gefühl ist jetzt angesagt. Manchmal auch zu einem Wechselbad der Gefühle, das Ihnen mit seinen Höhen und Tiefen eine besondere Chance bietet, Gefühle zu verstehen und zur seelischen Ganzheit zu gelangen.

Jetzt ist nicht die Stunde großer Versprechungen oder Verheißungen, sondern der persönlichen Heilung. Bereinigen Sie, was Ihre Gefühle trübt. Die seelische Reinigung kann durch äußerliche Putz- oder Reinigungsaktionen zwar keineswegs ersetzt, aber mitunter unterstützt werden.

Wahre Liebe

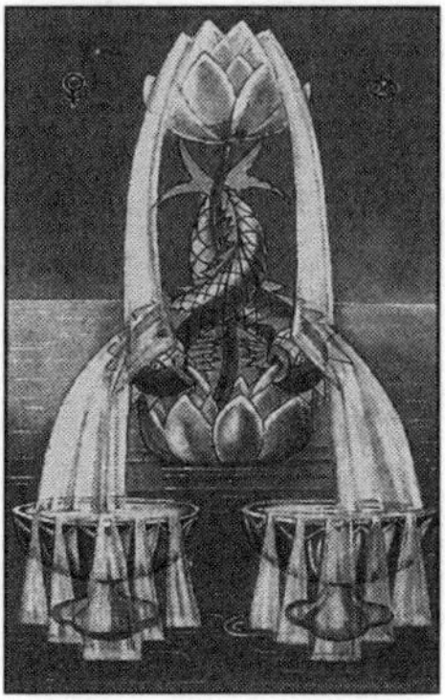

Lassen Sie der Seele Flügel wachsen! Kein Mensch ist eine Insel. Ein Prinzip der Seele ist die Übertragung. Der alte Satz gilt auch heute: Geteiltes Leid ist halbes Leid, und geteilte Freude ist doppelte Freude.

Wahre Liebe setzt voraus und wirkt darauf hin, daß jeder der Beteiligten in seiner persönlichen, ungeteilten Wahrheit zu seinem Recht kommt. Die berühmten »zwei Seelen in der Brust« muß jede/r dabei erst einmal für sich unterscheiden und unter einen Hut bekommen.

Gerade das, was auf den ersten Blick so angenehm erscheint, nämlich das fließende Miteinander, das Teilen und Tauschen, kann Ausdruck einer großen Unruhe oder Unzufriedenheit sein. Die eine Seite gibt ihren Kelch wieder und wieder preis, und die andere Seite nimmt und sammelt immer neue Kelche ein.

Meiden Sie faule Kompromisse in emotionalen und intimen Fragen. Ihre »bessere Hälfte« finden Sie zuerst und zuletzt in sich. Genießen Sie täglich das Glück, Ihre Gefühle mit anderen zu teilen.

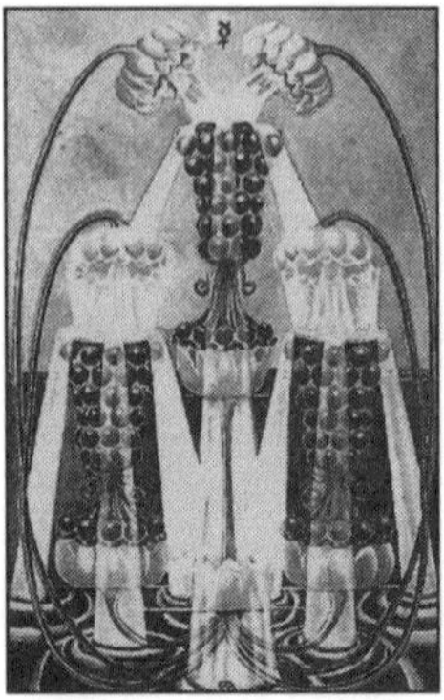

Starke Gefühle

Die Kunst, verschiedene Gefühle und Stimmungen unter einen Hut zu bekommen: Der christliche Grundsatz »Liebe Deinen Nächsten wie dich selbst« ist oft belächelt und oft für merkwürdige Zwecke mißbraucht worden. Aber für sich genommen, drückt dieser Satz aus, worum es (auch) hier geht. Es stellt eine Aufgabe heraus, die tatsächlich eine enorme psychische und persönliche Leistung bedeutet: sich selbst und andere in gleicher Weise zu lieben.

Machen Sie die Gültigkeit Ihrer Gefühle nicht von der Zustimmung anderer abhängig. Akzeptieren Sie die Gefühle anderer, auch wenn Sie sich nicht mit diesen identifizieren können. Lassen Sie Ihre Seele wachsen. Tragen Sie jetzt dazu bei, daß jede und jeder in Ihrer Familie oder Lebensgemeinschaft sich wohlfühlen kann, ohne auf die je eigene Individualität zu verzichten.

Scheuen Sie sich nicht vor »emotionalen« Reaktionen. Gehen Sie auf andere zu, oder grenzen Sie sich von ihnen ab, auch wenn es Ihnen noch ungewohnt erscheint. Ein richtiges Wort zur richtigen Zeit wirkt Wunder.

Persönliche Gründe

Nur hier ist das Wurzelwerk komplett zu sehen: Das Glück – und die Aufgabe – der seelischen Ganzheit.

Akzeptieren Sie Freude und Trauer, Empfindungen von Mangel oder von Erfüllung als unterschiedliche Aspekte ein und derselben Realität – der Wirklichkeit der Seele.

Ihre seelische Kraft ist Grundstock und Motor der Persönlichkeit, und Ihre Gefühle, mit all ihren Stärken und Schwächen, lassen Ihre Persönlichkeit wachsen und aufblühen: Sie zeigen Ihnen, woher sie kommen und wohin Ihre seelische Reise geht ...

Lassen Sie die Seele baumeln. Meditieren Sie, oder erledigen Sie, was Sie hindert, zu meditieren und ruhig zu sein. In der Meditation, in der Stille finden Sie Wörter und Worte für Erfahrungen und Möglichkeiten, bei denen bislang Sprachlosigkeit herrschte.

Ende der Täuschung

Die Kelche sind leer (nur in diesem Bild sind alle leer!). Eine Situation des Mangels, der seelischen Ebbe, unguter Gefühle, seelische Bedrohung, Enttäuschung, burn-out (seelisch ausgebrannt). Oder, in einer ganz anderen Bedeutung, eine komplette seelische Offenheit: das Signal für ein freudiges Ereignis, für einen seelischen Neuanfang.

Die Seele wirkt wie ein Spiegel. Auch und gerade das erscheint der Psyche als dunkel, von dem sie noch kein Bild besitzt, welches sie wiedergeben kann. Von allem, was für sie wirklich *neu* ist, besitzt die Seele zunächst nichts als eine dunkle Ahnung! Diese Begegnung mit dem Schatten vermittelt ein echtes Glücksgefühl, wie wenn nach langer Reise auf hoher See wieder Land in ersten dunklen Umrissen in Sicht kommt.

Laufen Sie vor (den eigenen) Gefühlen nicht weg! Lassen Sie Tränen zu, aber auch eine neue Begeisterung. Holen Sie sich Hilfe, wenn erforderlich. Und akzeptieren Sie es, wenn andere Ihre Hilfe oder Ihren seelischen Beistand brauchen. Lassen Sie es fließen! Tip: Wasserkuren – innerlich und äußerlich – können heilsam sein; ebenso Baden und Duschen. Sie brauchen Zeit und Raum für die innere Erneuerung – richten Sie Ihren Tagesablauf danach ein.

Innere Wandlung

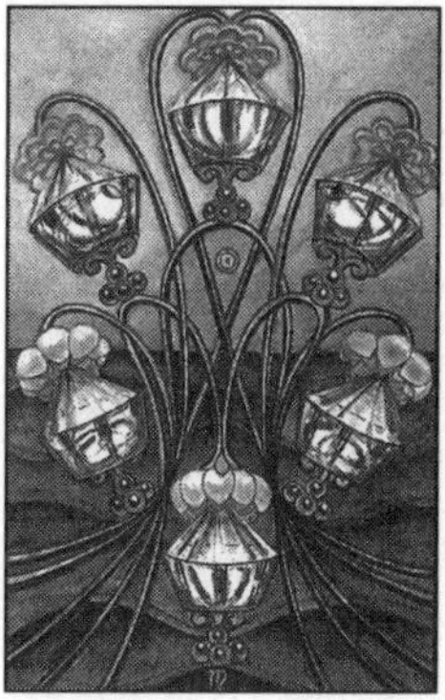

Liebesgefühle bilden ein mächtiges, komplexes Muster. Die Wurzeln reichen in eine unabsehbare Tiefe! Hier geht es um wichtige und intensive Bedürfnisse. Die Sexualität spielt dabei eine große Rolle (s. die Schlangen in den Kelchen).

Erst die Aufarbeitung früherer Erfahrung befreit uns aus dem Wiederholungszwang und gibt uns die seelische Freiheit, heute neu zu wählen. Entdecken Sie die andere Seite, suchen Sie die ganze Wahrheit. So erneuern Sie die Liebe. Das Glück, seelisch die Weichen neuzustellen. Nutzen Sie die Gunst der Stunde, um alte Ängste abzulegen und Herzenswünsche zu erfüllen!

Öffnen Sie sich für Erinnerungen, Träume und Ahnungen, auch wenn sie scheinbare Kleinigkeiten betreffen. Setzen Sie sich behutsam mit emotionalen Erfahrungen auseinander. Was war damals gut, was nicht? Wie kann das Schöne von früher auch heute wieder gelingen, wie kann man das Schlimme von einst heute verhindern? Wie würden Sie sich heute helfen, wenn eine frühere Bedrohung oder alte ungute Gefühle noch einmal aktuell werden sollten?

Sie verfügen heute über mehr Alternativen im Umgang mit Wünschen und Ängsten. Sortieren Sie Ihre Gefühle, und lassen Sie es fließen!

Gelebte Träume

Die Kunst, über sich hinauszuwachsen. Machen Sie Ihren Frieden mit 'Gott' und dem Leben. Haben Sie den Mut, sich auch mit Schattenseiten und Grenzbereichen der seelischen Erfahrung auseinanderzusetzen. Vertreten Sie in seelischen Belangen einen eigenen, persönlichen Maßstab.

Manchmal stellt selbst die größte Herausforderung und die »unrealistischste« Vision gerade die richtige Aufgabe dar, die Sie mit Gespür und Geschick auch bewältigen werden. In einem anderen Falle aber ist selbst die kleinste Verlockung und die aussichtsreichste Verprechung von Übel. »Was fruchtbar ist, allein ist wahr« (Goethe). Begegnen Sie den Befürchtungen oder den Hoffnungen, von denen die stärkste Energie ausgeht. An den »Früchten« werden Sie erkennen, was für Sie »stimmt«.

Folgen Sie den Hoffnungen und bearbeiten Sie die Befürchtungen, von denen die stärksten Energien ausgehen. An den »Früchten« werden Sie erkennen, was für Sie »stimmt«. Entwickeln und vertreten Sie Ihren eigenen Maßstab – auch in Liebesdingen und intimen Wünschen.

Gelebter Glaube

Vier gefüllte Kelche, vier leere: Halbheit oder Ausgewogenheit der Gefühle?

Mit dieser Frage fordert die Karte zur Auseinandersetzung mit Gefühlen und Glaubensentscheidungen auf. Unglaube und Aberglauben lassen Ihre besten Begabungen unerfüllt. Ein geeigneter Glaube stärkt Ihr Gleichgewicht und schenkt Ihnen Erlösung und Erfüllung. Dann steht diese Kombination aus gefüllten und leeren Kelchen für den Einklang von Fülle und Leere, für den Rhythmus von Ebbe und Flut, für einen Reichtum der Seele, der sich mit Offenheit paart.

Hier kommt es auf die richtige Einstellung an. Befreien Sie sich von Hemmungen und schützen Sie sich vor Haltlosigkeiten. Lösen Sie sich aus inneren Abhängigkeiten, gleich welcher Art, damit »es« fließt!

Finden Sie Zutrauen, um den Fluß in sich zu spüren. Lauschen Sie auf Ihren persönlichen Rhythmus und verbinden Sie ihn mit dem Puls der Zeit. Feiern Sie genußvolle Feste und fasten Sie – alles ist wichtig, alles zu seiner Zeit.

Seelischer Reichtum

Ein großes Glück, wenn »alle Brünnlein fließen«. Sie besitzen so umfangreiche und reichhaltige Gefühle, daß Sie eine große Bandbreite, eine große Skala persönlicher Ausdrucksformen besitzen und benötigen.

Wie bei jeder Kelchkarte, so ist auch hier entscheidend, was in den Kelchen enthalten ist. Wie oft hört oder liest man: »Bau auf dein Gefühl«, aber selbstverständlich gibt es auch ungute Stimmungen, unwahrhaftige Gefühle oder unzutreffende Empfindungen und Einstellungen.

Jede Verharmlosung oder einseitige Verherrlichung der Gefühlswelten wäre nun fehl am Platz. Denn hier kommt es ganz darauf an, daß man die Gefühlswelten kennt und sich so auf sie verlassen kann, daß sie einem den Rücken freihalten und Rückendeckung geben.

Heute schon geschwommen? Spielen Sie auf der gesamten Klaviatur der Gefühle! Nutzen Sie die große Skala persönlicher Ausdrucksformen! Schöpfen Sie aus vielen Quellen. Haben Sie Geduld und Ausdauer, um herauszufiltern, welche Gefühle im Augenblick im Vordergrund stehen.

Große Gefühle

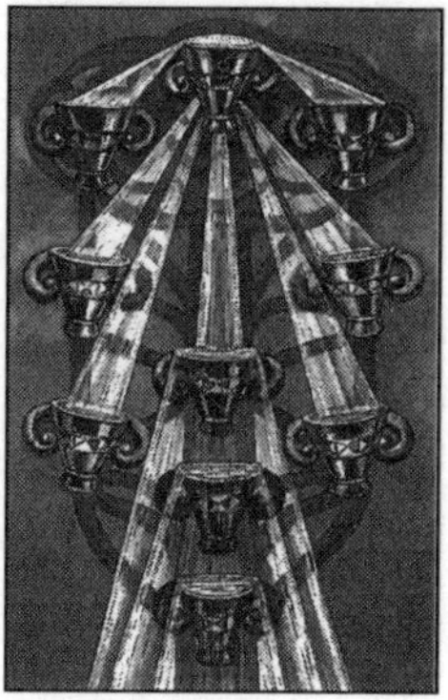

Zehn Kelche in Gestalt des Lebensbaumes. Die Karte der großen seelischen Leidenschaften. Eigene und fremde Bedürfnisse, produktive und sinnlose Seelenklänge gilt es hier zu unterscheiden, damit »es« fließt. Beenden Sie unselige Leidensgeschichten, und folgen Sie kühn und doch bewußt Ihren Leidenschaften.

Jeder Kelch hat seinen Platz, seine Aufgabe. Jetzt heißt es, ganze Verantwortung zu übernehmen und sich zu »trauen«: einen Lebensbund, einen Lebensentwurf zu wagen, der alle Quellen eines Menschen erschließt und fruchtbar macht.

Warum nur einmal oder wenige Male Hochzeit feiern? Jeden Tag können Sie sich »trauen«: sich und anderen vertrauen; sich selbst und Ihren Mitmenschen etwas zutrauen oder anvertrauen; sich mit vielen verbünden und mit einigen verbinden; mit allem, was das Herz bewegt, einen Bund fürs Leben schließen! Heute kann Ihre neueste Hoch-Zeit sein – machen Sie sich bereit!

Schwerter

Element Luft. Schlüsselbegriff ist der Geist. *Die Waffen des Geistes.*

Neben allem Kriegerischen, ist das Schwert seit alten Zeiten ein Inbegriff der Urteilskraft, der Fähigkeiten, sich ein Urteil zu bilden und es zu vollstrecken.

Kurz, die Schwerter im Tarot symbolisieren die »Waffen des Geistes«.

Und diese Bedeutung trifft selbst dann noch zu, wenn man spontan zuerst an ein Kriegswerkzeug denkt. Denn auch die Kriege sind eine Erfindung des menschlichen Geistes, in Art und Ausmaß ohne sonstiges Beispiel in der Natur. Allerdings darf man weitere traditionelle Schwerter-Attribute, wie Ritterlichkeit, Mündigkeit, Freiheit, auch nicht vergessen.

Wenn Sie eine Schwerter-Karte ziehen, geht es jeweils darum, daß Sie für Klarheit und Aufklärung sorgen, für frischen Wind, gute Luft und langen Atem.

Assoziationen zu den Schwertern: »Schwerter zu Pflugscharen«, Rüstung, Angriff und Verteidigung. Schärfe und Zuspitzung. Begriffe und Konsequenzen. Erleichterung und Begeisterung. Menschliche Atmosphäre. Die Sterne.

Bewußtes Leben

Drei Gesichter: Vergangenheit, Gegenwart, Zukunft; Ich, Es und Über-Ich. Nehmen Sie – sich und anderen – die Maske aus falschem Stolz ab. Schauen Sie hinter die Kulissen angeblicher Sachzwänge und vermeintlicher Ausweglosigkeiten. Ermitteln Sie die wirklichen Bedürfnisse und vertreten Sie diese ohne Halbheit und ohne Arroganz.

Gehen Sie behutsam mit vorhandenen Ängsten um. Vorurteile und Ängste drücken in vielen Fällen berechtigte Bedürfnisse, nämlich bisherige Erfahrungen aus, die noch kein besseres Sprachrohr gefunden haben. In der Macht des Schwertes liegt es, die geistigen Kapazitäten zu entfalten und zu verfeinern. Und dazu gehört es eben auch, Worte und Wörter für Erfahrungen zu finden, bei denen bislang Sprachlosigkeit herrschte.

Sorgen Sie für Klarheit in Ihren Entscheidungen und in Ihrem Verhalten. Nehmen Sie gegebenenfalls eine Lupe oder ein Teleskop zur Hilfe. Es kann auch nötig sein, Brille und Fenster zu putzen. Andererseits sollten Sie es auch einmal ganz ohne »Brille« versuchen, nämlich ohne eine gefilterte oder gefärbte Optik! Kultivieren Sie Liebe, Lust und Zärtlichkeiten. Eine Zeit der Freiheit und des Genusses.

Kraft der Klarheit

Viele Gedankenfäden gilt es hier zu sammeln und in einer Hand zu versammeln. Sie in die Hand zu nehmen, heißt auch, sie zu begreifen. Erfahrungen zu verarbeiten, bis sie klar sind, das bedeutet, Diamanten zu fördern und seinen Stern zu finden!

Sie besitzen die Gabe, Ihre Ideen und Ihr Wissen in effektiver Weise anderen mitzuteilen und auf andere zu übertragen. Doch die Grenze zur »Fernsteuerung«, zur unmerklichen Manipulation der anderen, ist dabei oft nicht weit. Das größte Risiko besteht indes darin, daß Sie sich selbst manipulieren. Solange Sie das Unbewußte nicht richtig beachten (etwa nach dem Motto »Was ich nicht weiß, macht mich nicht heiß«), verpassen Sie Ihre größeren Möglichkeiten.

Kommen Sie mit sich und den anderen Beteiligten ins reine, bis alle wesentlichen Bedürfnisse und Erwartungen klar sind. Machen Sie sich bewußt, was Sie nicht wissen und nicht wissen können. Dann werden Sie Ihr Königreich der Lüfte mit Freuden besitzen. Tip: Hängen Sie für eine gewisse Zeit alle Spiegel in Ihrer Wohnung einmal umgekehrt auf, so daß Sie solange auf ihre Rückseite blicken.

Rasende Gedanken

Die Rasanz der Bewegung ist hier vor allem als geistige Schnelligkeit zu verstehen. Was zunächst wie die Rotorblätter eines Hubschraubers aussieht, bedeutet mehr: Ein Denken, das sich gleichzeitig nach vielen Richtungen hin entwickelt. Gefahr: Es drohen Rücksichtslosigkeit und Verletzung. Chance: Leidenschaft und Erkenntnis beflügeln sich gegenseitig.

Bringen Sie Licht in Ihr Leben und ziehen Sie klare Konsequenzen. »Denn wenn man was liebt,/ was man eigentlich kaum bekommen kann,/ was unerreichbar fern erscheint,/ wird man ein Stück traurig./ Wird man ein Träumer./ Oder wird man ein Radikaler./ Oder/ ein radikaler Verwirklicher seiner Träume« (Susanne Zühlke).

Das einzige ernstzunehmende Hindernis für ein konsequentes Denken ist unsere Furcht vor unangenehmen Wahrheiten. Wie aber können praktische Unannehmlichkeiten erleichtert und leidige Unwahrheiten gelöst werden, wenn nicht durch die klärende Macht, durch den frischen Wind des Geistes? Gehen Sie in Ihren Gedanken weiter als sonst. Wagen Sie (mehr) Verbindlichkeit und Konsequenz. Lassen Sie Schubladen des Denkens hinter sich. Nehmen Sie Ihre Gedanken ernst und deuten Sie sie wie Träume.

Aufklärung

Ein freies und abenteuerliches Denken, das als brain-storming für den Austausch vielfältiger, auch wechselhafter Ideen und Assoziationen sorgt: Geistige Beweglichkeit oder »Windmühlenkämpfe«? Das »Fähnchen nach dem Wind hängen«? Freude an gedanklichen Experimenten? Dringen Sie auf Aufklärung. Geben Sie Ihr Urteilsvermögen nicht an andere ab. Der Wert einer neuen Idee bemißt sich nicht an dem, was ist, sondern an dem, was wird.

Bewahren Sie sich Ihre Leichtigkeit, Ihre Witz und Ihre Frische. Vielleicht spüren Sie, daß der Teil, den ein Mensch begreifen kann, kleiner ist als das, was ist. Aber ob Sie Ihren Teil begreifen und nutzen, auf daß für Sie und Ihre Mitmenschen das Leben leichter, bewußter und unterhaltsamer wird, – das macht in jeder Beziehung einen großen Unterschied aus.

Sie könnten abnehmen. Oder auch etwas unternehmen, das Sie körperlich Ihre Leichtigkeit spüren läßt. Fliegen, segeln, gleiten; tragen und getragen werden. Achten Sie einmal nur zehn Minuten lang darauf, wie viele Gedanken sich wiederholen, und versuchen Sie, die Zahl der Wiederholungen gegen Null zu senken. Schauen Sie eine Minute auf einen beliebigen Punkt, ohne sich dabei einen Gedanken zu machen.

Krönung

Krone der Schöpfung, andererseits maximale Entfremdung von der Natur. Die Schlange am Schwertknopf: Falschheit und Verführung, andererseits wirkliche Weisheit.

Nehmen Sie es als Geschenk und als Auftrag, das Schwert neu zu begreifen und neue Lösungen, neue Entscheidungen zu finden! Spüren Sie den einen Geist, der in allem wohnt!

Die Fruchtbarkeit Ihres Geistes mißt sich in der Verfeinerung und Erfüllung praktischer Bedürfnisse. Für Ihre aktuellen Fragen bedeutet diese Karte, daß Sie Ihr Bewußtsein schärfen und erheben sollen, um Widersprüche zuzuspitzen und auf einen Nenner zu bringen. Sorgen Sie für die Einheit von Denken und Tun. Befreien Sie sich von unangebrachten Zweifeln und Zweideutigkeiten.

Falls Sie gerade ein Schwert zur Hand haben, stellen Sie sich aufrecht damit hin und meditieren Sie darüber, was es heißt, zu denken, ohne sich Gedanken zu machen! Sonst ist aber auch eine Feder oder ein Fächer hilfreich. Sie besitzen und Sie brauchen ein gutes Denkvermögen und einen kraftvollen, langen Atem. Gehirnjogging und Körpertraining unterstützen die neuen Kräfte in Ihnen! Genießen Sie eine neue Klarheit!

»Bewußtes Träumen«

Die »zwei« Schwerter tauchen im Bild zweimal auf, so daß es insgesamt vier Schwerter sind. Ein Phänomen, das dieser Karte etwas Rätselhaftes verleiht. Die weißblaue Blume in der Bildmitte: Das »Herz«, die Mitte einer Person und des Augenblicks.

Es bietet sich die gute Gelegenheit, Gedanken auf ihre Bedeutung und Ereignisse auf ihren Sinn hin zu verstehen. Deuten Sie Ihre Träume und Gedanken, erinnern und bearbeiten Sie Ihre Erfahrungen. Je deutlicher Sie dabei Traum und Wirklichkeit zu unterscheiden wissen, um so bessere Chancen besitzen Sie, zur Mitte, zur tieferen Einheit zu gelangen.

Der bloße Augenschein hilft nicht weiter. Bringen Sie Ihre Phantasie ins Spiel. Sortieren Sie Ihre Erfahrungen und Vorstellungen. Machen Sie sich (Ihre) Gefühle und Sehnsüchte bewußt. Seien Sie bereit zu Kritik – und zu Selbstkritik! Sammeln Sie nicht nur Informationen oder Erklärungen, sondern sorgen Sie auch für ein funktionierendes Verständnis. Nehmen Sie sich heute und morgen extra Zeit zum Einschlafen und zum Aufwachen. Erleben Sie bewußt die Übergänge dazwischen.

Ehrlichkeit

Das Bild läßt sich als Schema des Gehirns deuten; dann zeigt es, wie verschiedene Stränge, verschiedene Dimensionen zusammenwirken. Abstrakter gesagt: Eine Schnittstelle oder Interface verbindet verschiedene Systeme. Ebenso werden hier Sinn und Sinne, Herz und Verstand, Bewußtes und Unbewußtes, äußeres und inneres Erleben miteinander verbunden. Seien Sie gründlich in Ihren aktuellen Auseinandersetzungen. Machen Sie aus Ihrem Herzen keine Mördergrube. Jetzt ist die Stunde des Innewerdens; die Zeit, sich zu erklären und auszudrücken.

Wenn Sie diese Karte ziehen, können Sie aufhören, sich oder anderen etwas vorzumachen. Kommen Sie jetzt auf den Punkt, halten Sie sich an das Wesentliche. Eine besondere Chance, das zu ermitteln und zu benennen, was Ihnen am Herzen und im Blute liegt. Äußern Sie Ihre Betroffenheit!

Rufen Sie sich (drei) Beispiele für Ihre Fähigkeit in Erinnerung, auch bei großen Schwierigkeiten nicht »die Flinte ins Korn zu werfen«. Riskieren Sie mehr Aufrichtigkeit. Sie können dabei nur gewinnen! Bauen Sie Vorbehalte, Vorwände und Vorurteile ab! Tun Sie dafür ganz praktisch etwas!

Gewissen

Brauchen Sie zur Zeit Ruhe, Urlaub, oder müssen Sie vielleicht eine Zwangspause einlegen? Wenn ja, dann sagt Ihnen diese Karte, der Zweck dieser Ruhe besteht darin, Ihren geistigen Apparat zu aktivieren und voll funktionsfähig zu machen.

In vielen Fällen betrifft die Karte jedoch keine äußere, sondern die geistige Ruhe. Diese aber ist gleichbedeutend mit persönlicher Zufriedenheit und einem guten Gewissen. In der Mitte ein Mandala: Symbol der Schönheit des Bewußtseins und des Friedens des Geistes.

Bringen Sie Ordnung in Ihre Gedanken und durchleuchten Sie Ihre Erfahrungen. Um Ihren Frieden beizubehalten oder wiederherzustellen, müssen Sie sich in einer bestimmten Beziehung vielleicht sogar weniger schonen und, statt sich vornehm zurückzuhalten, einen Dornröschenschlaf beenden.

Sie haben »Nüsse« zu knacken! Nehmen Sie sich Zeit für (Ihre) Gedanken. Und gehen Sie Erinnerungen noch einmal neu durch. Vielleicht liegt da etwas im Schatten. Entspannen Sie sich, damit Ihr Geist sich konzentrieren und schärfen kann! Rätsel, Krimis, Puzzles und Mandalas können ein gutes Training für die »kleinen grauen Zellen« sein.

Erfahrungen aufheben

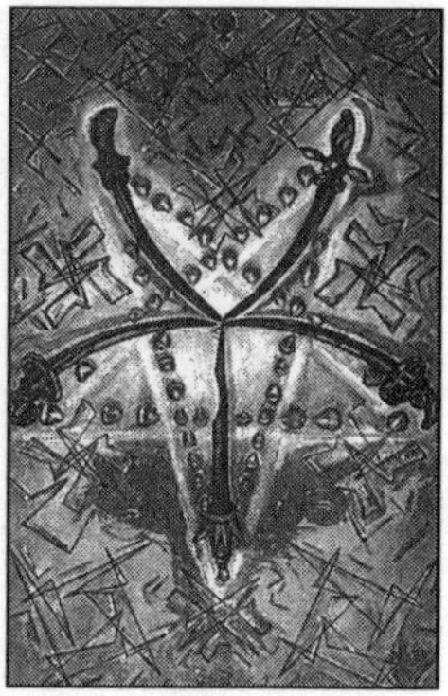

Fünf Schwerter als ein Pentagramm mit der Spitze nach unten. Chance: Geerdetes Wissen, Verbindung von Theorie und Praxis. Gefahr: Niederträchtige oder sinnlose Gedanken.

»Wissen ohne Gewissen ist Halbwissen.« Nutzen Sie die Waffen des Geistes als Mittel der Heilung. Die Quintessenz des Wissens ist ein geeignetes Bewußtsein, eine persönliche Klarheit, die Sie bereichert und erleichtert. Aus Erfahrung lernen. Die Zeiten, in denen Sie sich klein und winzig fühlten, liegen zurück. Alles in allem, können Sie Schwierigkeiten, Ängste und Schwächen verstehen und verzeihen, und je nach Notwendigkeit annehmen oder verabschieden. Suchen Sie nach dem Sinn von Siegen und Niederlagen.

Nehmen Sie Ängste, Sorgen, Kränkungen und Schwachpunkte ernst. Vertrauen Sie der Kraft der Wahrheit. Sie haben nichts zu verlieren, aber viel zu gewinnen.

Befreien Sie sich aus geistiger Unselbständigkeit. Praktizieren Sie Aufrichtigkeit, und halten Sie Ihren Blick nicht vor geistiger Not und geistigem Elend verschlossen. Tragen Sie Ihren Teil dazu bei, Unmündigkeiten zu beenden.

Übersetzungen

Finden Sie die Erfahrungen, die hinter den Lehrsätzen stehen. Verstehen Sie, was andere im Grunde mit dem meinen, was sie tun oder sagen. Und machen Sie anderen begreiflich, was Ihnen am Herzen liegt. Innenwelt und Außenwelt miteinander zu vernetzen, persönliche Existenz und die Wahrheit des anderen in ein ausgeglichenes Verhältnis zu bringen, das ist eine komplexe Angelegenheit, eine Wissenschaft für sich und erfordert besondere Aufmerksamkeit.

Sie brauchen gleichsam ein Standpunkt von außen, um Ihre Selbstverständlichkeiten überhaupt als solche zu erkennen. Befreien Sie sich von äußerlichen Ritualen und Wiederholungszwängen. Setzen Sie Ihre Intelligenz, Ihre ganzen Kombinations- und Vermittlungskünste ein, damit es zwischen Ihren Mitmenschen und Ihnen *fließt* und Sie »im Strom« der Ereignisse einen eigenen Kurs zu steuern wissen, weil Sie von allem lernen.

Verstehen Sie die Schönheit und die Brillanz Ihrer persönlichen Eigenart – und akzeptieren Sie sie. Vermitteln Sie sie auf eine Art und Weise, die anderen Menschen verständlich ist. Legen Sie sich eine Tarot-Auslage zu der Frage »Das Bezaubernde an mir – und wie ich es anderen mitteile« (Legemuster nach Wahl).

Rätsel und Lösung

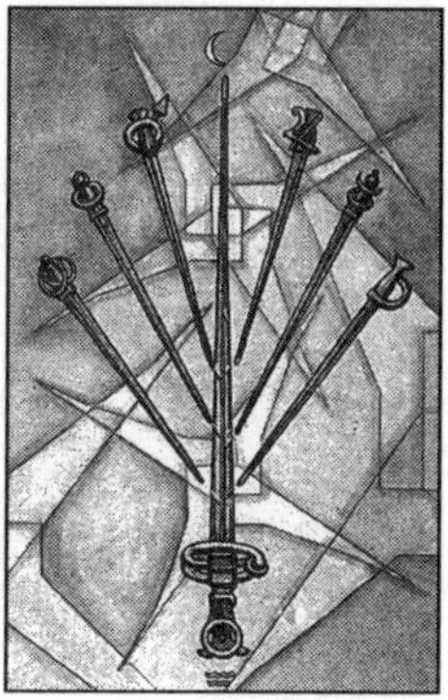

Jeder Mensch bringt eine neue Wahrheit auf die Welt, und so trifft jede/r von uns auch auf bestimmte Rätsel, die gleichsam nur dazu da sind, daß wir die Lösungen finden, für die wir selber prädestiniert sind. Lösungen, die die Welt bereichern, von denen viele profitieren können.

Sechs kleine Schwerter halten das eine große in Schach. Aber auch: Das große Schwert hebt die Wirkung der sechs kleinen Schwerter in sich auf. Dann ergibt sich das Bild eines Baumes oder eines Kristalls.

List, Intrige, Vergeblichkeit und andere unerquickliche Bedeutungen gewinnt diese Karte immer dann, wenn man sich und/oder andere nicht versteht.

Lassen Sie sich also von Problemen und Widersprüchen nicht einschüchtern. Finden Sie vielmehr heraus, welche Rätsel für Ihre Person und Ihr Leben typisch sind. Wenn Sie sich diese zur Aufgabe machen, werden Sie Bedeutendes erleben und bewirken. Legen Sie eine Pause ein. Eine Stunde oder einen Tag. Erlauben Sie sich, etwas »Unvernünftiges« zu tun. Vielleicht sollten Sie etwas aus dem Tiefkühlschrank nehmen. Vergessene Gedanken und eingefrorene Gefühle jedenfalls sind von großer Bedeutung – sie wollen erhört werden.

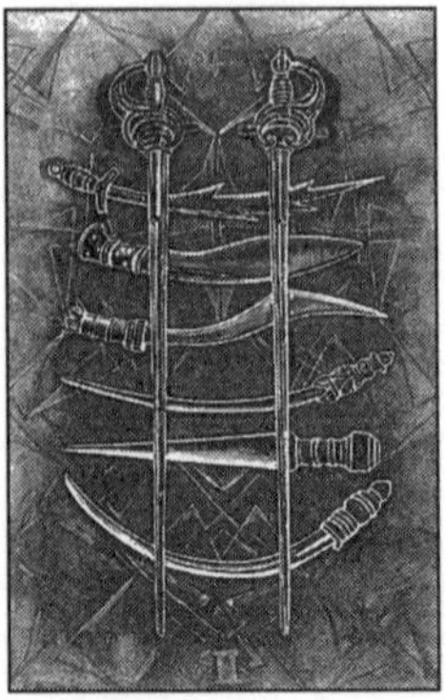

Bewußtseinserweiterung

Die Farbe Violett stellt Grenzerfahrungen dar – die letzte Stufe vor dem Ultravioletten, an der Schwelle vom Sichtbaren zum Unsichtbaren. Viele Argumente und Einflüsse überlagern sich.

Wenn Sie wissen, daß Sie gewisse Schwellen zu überwinden haben und daß Ihnen die Schwerter zur Verfügung stehen, dann wird es Ihnen leichter, unangemessene Hemmungen oder Abhängigkeiten aufzuheben.

So oder so ist hier Ihre Verbindlichkeit gefragt. Wenn Ihr Denken und Ihr Handeln sich vernetzen und wechselseitig binden, werden Sie bemerkenswerte Fortschritte machen.

Meditieren Sie acht Tage jeden Morgen und jeden Abend. Wenige Minuten reichen schon. Und gehe in diesen acht Tagen Schritt für Schritt durch folgende Aussage [von Kajo Nelles]: »Ich liebe Entscheidungen, die einbeziehen und nicht abgrenzen, die öffnen und nicht verschließen, die Möglichkeiten bieten und nicht Endgültigkeiten setzen, die vom Besten ausgehen und nicht vom worst case [vom Schlimmsten], die Reichtum verbreiten und nicht Armut zementieren, die Aufgaben akzeptieren und nicht Probleme schaffen, die immer wieder auffordern / helfen / verstehen, das Unmögliche möglich zu machen!«

Unmittelbarkeit

Erschrecken oder Erwachen. Krasse Kontraste: Überspitztheiten oder Sortierung des Chaos. Der Titel »Grausamkeit« erfaßt – wie jeweils alle die Untertitel im Crowley-Tarot – nur einen winzigen Aspekt der Karte. Das Bild stellt nicht mehr und nicht weniger dar, als daß auf breiter Front und recht unmittelbar die Gedanken in Fleisch und Blut übergehen.

Begreifen Sie die Konsequenzen und die Bedeutungen Ihrer Gedanken. Es kommt Licht in die Finsternis, und Sie erfassen vieles, was Ihnen vorher unerklärlich war. Das ist ein Anlaß zu großer Freude. Gewöhnen Sie sich langsam an den neuen geistigen Horizont. Gehen Sie in Ihren Gedanken weiter, als Sie es gewohnt waren. Hüten und schützen Sie sich vor Kurzschlüssen. Gewöhnen Sie sich langsam an neue Erkenntnisse und Konsequenzen.

Stärken Sie Ihre Verantwortung. Bleiben Sie auf dem Teppich – er fliegt ja schon! Betreiben Sie Gehirnjogging und philosophische Übungen, Geschicklichkeitsspiele und Reaktions-Sportarten wie Fechten, Tischtennis, Squash u.a.: Alles, was Ihre Reflexe und Ihre Flexibilität trainiert, tut jetzt besonders gut.

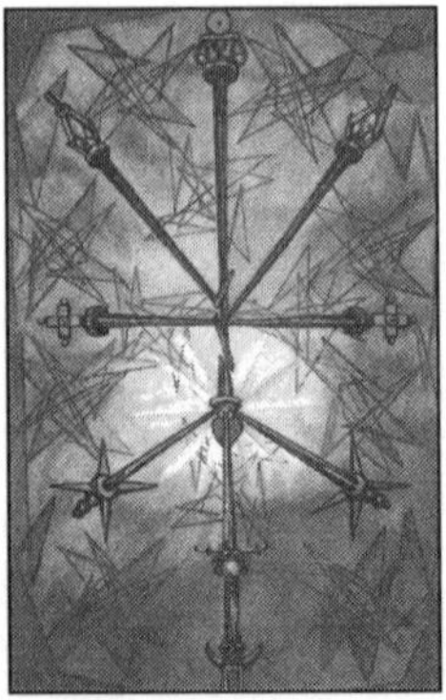

Geistesgipfel

Gipfel der Erkenntnis. Die Saat des Geistes geht auf. Untaugliche Gedanken und fruchtlose Auseinandersetzungen sind zum Untergang verurteilt. Das persönliche Bewußtsein blüht. Machen Sie sich bereit zum Schritt in persönliches Neuland.

Ein Zen-Spruch sagt: »Triffst du Buddha unterwegs, töte ihn«! Das bedeutet: Räumen Sie alle Idole aus dem Weg; verabschieden Sie sich von bisherigen Vorbildern und Autoritäten. Der Tod der unfruchtbaren Träume, Vorstellungen und Theorien läßt einen neuen, strahlenden Horizont aufziehen. Wach sein für die Erfordernisse des Augenblicks ist dasselbe, wie sich und das Leben immer wieder annehmen. Es ist wie eine Liebeserklärung an die eigene Person, an »Gott« und die Welt! Damit ist dies eine sehr spirituelle Karte. Zugleich auch eine sehr konkrete, pragmatische Karte, die auf notwendige Übergänge im Alltagsleben hinweist.

Gehen Sie sorgsam mit Gedanken und Entscheidungen um. Bleiben Sie achtsam für die Erfordernisse des Augenblicks. Sorgen Sie für gute Luft und achten Sie auf Ihren Atem. Öffnen Sie sich dem Strom des Lebens.

Scheiben

Element Erde. Schlüsselbegriffe sind Materie und Körper.

Die Talente.

Wenn Sie eine Scheiben-Karte ziehen, dann geht es um praktische Ergebnisse, die Sie vorfinden, verändern oder selbst produzieren.

Bei der Herausgabe seiner Karten hat A. Crowley die traditionellen »Münzen« in Scheiben umbenannt, weil er die Materie als »ein sich drehendes, wirbelndes Bild« darstellen wollte. Derselbe Gedanke, daß die Münzen keine tote Materie, sondern eine lebendige Sache verkörpern, ist allerdings auch in anderen Tarot-Sorten enthalten. (Ein Pentagramm in den Münzen im Waite-Tarot zum Beispiel bringt die lebendigen Energien, die jedem Sachverhalt innewohnen, zum Ausdruck. Auch in den traditionellen Geldmünzen aus dem Marseiller Tarot ist in den Prägungen und den Farben von Gold und Schwarz das bewegte Wechselspiel der Energien erkennbar.)

Assoziationen: Gesicht und Gewicht der Erde. Wechselwirkung und ständige Rückkopplung zwischen dem, was wir schaffen, und dem, was uns schafft. Das berühmte »Gold auf der Straße«, das zunächst aussieht wie eine unscheinbare Münze.

Zum Wesentlichen

Konzentrieren und entspannen Sie sich: Alles hat seine Zeit, jedes Ding nimmt seinen eigenen Lauf, den man durch Einmischung und Hektik, aber auch durch Gleichgültigkeit oder Abwarten nicht ändern kann. Lassen Sie sich nicht ins Bockshorn jagen. Kultivieren Sie, worauf Sie »Bock« haben!

Jeder Mensch stellt in gewisser Weise ein Naturereignis dar. Schützen Sie sich vor Überheblichkeits- und vor Minderwertigkeitsgefühlen. Kokettieren Sie nicht mit persönlichen Besonderheiten. Körperliche Instinkte, praktische Bedürfnisse und sinnliche Qualitäten machen Ihr ganz eigenes Talent aus. Kreativität und Fruchtbarkeit überwinden karge Öde: Halten Sie sich stets an das Einfache, das Dringende und das Spürbare. »Tue erst das Notwendige, dann das Mögliche, und plötzlich schaffst Du das Unmögliche« (Sprichwort).

Pflegen Sie sich, speziell Ihre Nägel, Haut und Haare. Begeben sich in die Berge, erklettern Sie (einen) Gipfel. Hören Sie auf die Stimme des Bewußtseins. Auch: Kommen Sie von Ihrem Sockel herab, lassen Sie andere an sich heran. Teilen Sie sich Ihre Aufgaben ein, um auch im Alltag Berge zu meistern!

Sinn und Genuß

Die Weintrauben als Schlüsselsymbol: Der Wein ist sprichwörtlich für die Süße des Lebens, für den Genuß des Daseins und die Erhebung von Sinn und Sinnen. Zugleich aber hat er den Weinberg zur Grundlage, Symbol harter und anstrengender Arbeit.

Ihre ureigene Natur stellt einen besonderen Genuß, aber auch eine besondere Aufgabe dar. Sie selber sind wie Wein und Weinberg, wie Acker und Pflugstier. Lösen Sie Blockaden und Verhärtungen auf. Begreifen Sie den Wert Ihrer eigenen Talente. Nutzen Sie Ihre aktuellen Fragen, um herauszufinden, was sich für Sie wirklich lohnt und was nicht. Genießen Sie Erfolg und Ertrag. Doch scheuen Sie nicht die Mühen, die mit jeder Arbeit verbunden sind, und auch nicht die großen Mühen, die zu einem großem Werk dazugehören.

Klären Sie Ihre Finanzen, und schauen Sie, wie Sie Ihr Vermögen sichern und mehren können. Das gilt aber auch für Ihre Talente und für Ihre Wünsche nach einem produktiven und erfüllten Leben. Stellen Sie eine Bilanz auf, welche wichtigen Ziele Sie erreicht haben und welche noch fehlen. Alles, was auf Dauer angelegt ist, will neu bedacht werden. Sinn und Genuß sind der Maßstab eines sinnvollen Wachstums.

Wohlbehagen

Es gibt etwas zu erledigen und zu ernten in diesem Leben und am heutigen Tag! In der Aufarbeitung der bestehenden Widersprüche bewähren und stärken sich Besonnenheit und Gelassenheit. Scheuen Sie sich nicht vor Auseinandersetzungen zur richtigen Zeit. Fassen Sie Vertrauen in Ihre Fähigkeit, Probleme in Ordnung zu bringen, Ängste zu beseitigen und Wünsche zu erfüllen.

Schaffen Sie eine angenehme Lebenssituation, in der Sie das verwirklichen, was Ihrer eigenen Natur, Ihrer Lebenseinstellung entspricht. Verzichten Sie auf falsche Bescheidenheit und aufgesetzte Ideale, auf falsche Träume, die Ihnen nur Kraft entziehen würden. »In der Beschränkung zeigt sich der Meister«, und das bedeutet jetzt: Auf alles Unnötige verzichten.

Gehen Sie in den Garten, reiten Sie Ihr Steckenpferd, finden Sie zu körperlicher Ausgeglichenheit. Persönliches Wohlbehagen und gute Verdauung sind unverzichtbar. Schauen Sie sich Ihren Haushalt und Ihren Beruf an: Was gibt es zu ernten, was gilt es, jetzt zu säen?

Wert-Schätzung

Vertrauen Sie der Erfahrung, die in Ihnen schlummert, und bringen Sie sie zum Vorschein. Erwarten und fördern Sie auch ein gleiches für Ihre Mitmenschen. Ihre »Scheibe« ist ein Geschenk des Lebens, sie spiegelt wider, daß Sie selber ein Schatz für sich und Ihre Umgebung sind, wenn sie Ihr Talent schätzen und achten.

Diese Karte ist ein guter Anlaß, Ihre praktischen Fähigkeiten neu zu entdecken und neu zu bewerten. Im Unscheinbaren steckt auch das Un-Scheinbare, das Wesentliche und Typische, auf das es jetzt ankommt. Prüfen Sie Ihre Ergebnisse und Ziele. Wenn Sie Wesentliches und Unwichtiges neu definieren, so heben Sie Ihre Talente empor, das Gold, das zuvor unerkannt gleichsam auf der Straße lag.

Einen Spaziergang in der Landschaft oder durch die Stadt machen Sie zu einem Abenteuer voller Entdeckungen! So halten Sie es auch mit Ihren Beziehungen und Begegnungen, mit Ihren Pflichten und Aufgaben!

Lebendige Materie

Wir haben die Erde von unseren Eltern geerbt und von unseren Kindern geliehen.« Nichts ist folgenlos, und nichts geht verloren.

Nehmen Sie Ihr Talent, begreifen Sie Ihre Aufgabe und Ihre Begabung. Setzen Sie sich mit den beiden Seiten der Medaille auseinander. Es kommt jetzt darauf an, daß Sie die praktischen Widersprüche in die Hand nehmen und die Spannung, die potentielle Energie, die Ihnen wie jedem Menschen und jedem Sachverhalt eigen ist, zu erkennen und zu nutzen. Tragen Sie zur Entwicklung des menschlichen Bewußtseins bei.

Nehmen Sie diese Karte als Chance, das Gewicht und die Bedeutung Ihres Daseins neu zu begreifen. Bringen Sie den Stein ins Rollen ...

Was ist die Erde für Sie? Eine ruhige Kugel schieben? Wie der Riese Atlas den Globus, die ganze Last der Welt auf Ihren Schultern tragen? Begreifen Sie die Kraft, die in Ihnen steckt, und Ihren Beitrag, auf den die Erde wartet! Nehmen Sie die Welt mit Kreativität und Leidenschaft in Besitz!

Neue Realitäten

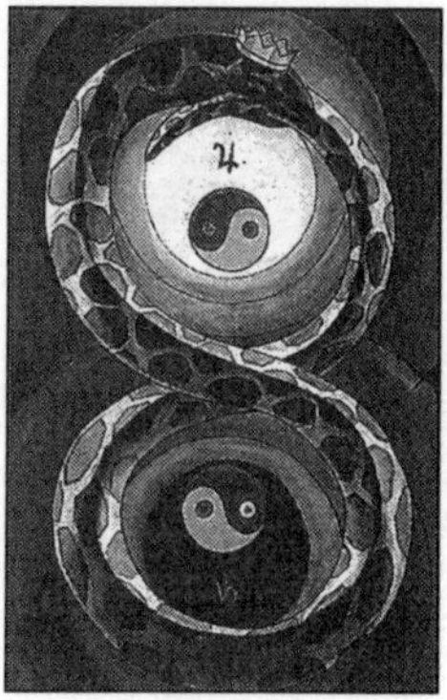

Die Schlange repräsentiert platte Triebe und Instinkte, in ihrer geringelten Form aber höherentwickelte Stufen des Bewußtseins: Niedere Beweggründe oder höhere Weisheit – das ist hier die Frage.

Jeder wirkliche Wandel ist mit einer Neubewertung verbunden. Lebensschwerpunkte ändern sich. Bisherige Grundsätze werden zweideutig, prägende Gewohnheiten erscheinen zwiespältig, und neue Aufgaben treten zu alten hinzu! Rechnen Sie mit einigen Verunsicherungen, wenn Ihre vertrauten Werte um neue Dimensionen erweitert werden. Und doch sind diese Vorgänge für die Entfaltung Ihrer Persönlichkeit schon jetzt ein Segen.

Es ist Ihre Art der Wahrnehmung, Ihre Auffassung, die einen Zusammenhang behauptet oder bewahrt. Es ist Ihr Talent, jetzt die verschiedenen Dinge zu ordnen und zusammenzubringen. Packen Sie es an! Achten Sie auf Ihre Knie; lassen Sie sie nicht zu weich oder zu hart werden. Augen und Ohren – alle Sinne spielen möglicherweise verrückt. Doch das ist ganz wörtlich zu nehmen: Ihre Wahrnehmungen werden ver-rückt, verschoben und erweitert, weil sich Ihr Standort ändert. Ihr Bewußtsein orientiert und ordnet sich neu. Was jetzt hilft, sind neue Ergebnisse.

Neue Werte

Auf den drei rotbraunen Rädern sind die alchemistischen Zeichen für Schwefel, Salz und Quecksilber angegeben. Die roten Scheiben erinnern auch an das ebenfalls alchemistische Symbol der Koralle, die die aus dem Urwasser (Meer) geholte, verfestigte materia prima (Urmaterie) darstellte. Im Zusammenhang mit der Alchemie kann die weiße Pyramide als Sinnbild des Steins der Weisen betrachtet werden ...

Vordergründig geht es um Berufsarbeit. Dahinter steht die Frage der Bewußtseinsentwicklung und der Berufung. Jeder Mensch trifft in seinem Leben auf besondere Herausforderungen: Anforderungen, deren Bewältigung nur gelingt, wenn auch verborgene Talente geweckt und innere Anlagen freigelegt werden. Finden Sie Ihre Aufgaben in der Welt, an der Sie Ihre Talente einsetzen, vermehren und zuspitzen können.

Nehmen Sie Ihre Stärken und Schwächen zusammen, und schaffen Sie damit etwas von bleibendem Nutzen – etwas Wertvolles, das sich für Sie und viele Menschen lohnt. Finden Sie die Aufgabe, den Beruf und die Berufung, die Ihre besten Energien zusammenfassen, herausfordern und zuspitzen. Machen Sie Ihren Entwurf, und leisten Sie Ihren Beitrag.

Begriffene Talente

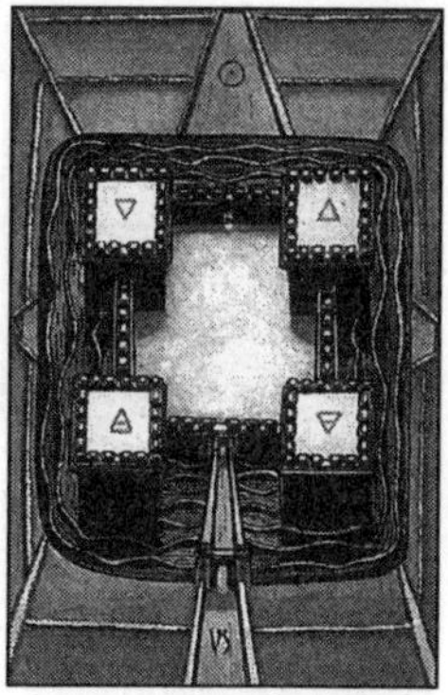

Sie finden heraus, über welche persönlichen Talente Sie verfügen, die für andere nützlich sind und die zugleich die Besonderheit oder die Einzigartigkeit Ihrer Person verdeutlichen.

Spielen Sie nicht den Helden oder den Versager. Verabschieden Sie sich jetzt von Angeberei und von Duckmäusertum. Ihre Stärken und Ihre Schwächen besitzen einen Wert. Schaffen Sie den Rahmen, worin dieser Wert sich auszahlt und Ihr Dasein krönt.

Geben Sie anderen den Schlüssel zu Ihrer persönlichen Welt. Verschanzen oder verstecken Sie sich nicht. Vervollständigen Sie den Rahmen, den Sie Ihrem Leben geben möchten.

Die wertvollsten Talente sind die, die am meisten Nutzen stiften. Sie nutzen am meisten, wenn möglichst viele Wünsche damit erfüllt und möglichst viele Ängste abgebaut werden können. Manchmal ist es bei dieser Karte wichtig, sich bewußter abzugrenzen, um den persönlichen Eigenwert herauszustellen bzw. überhaupt zu entdecken und zu erforschen. Manchmal kommt es aber auch darauf an, sich wesentlich mehr mitzuteilen, und an den eigenen Fähigkeiten und Fertigkeiten möglichst viele Menschen teilhaben zu lassen.

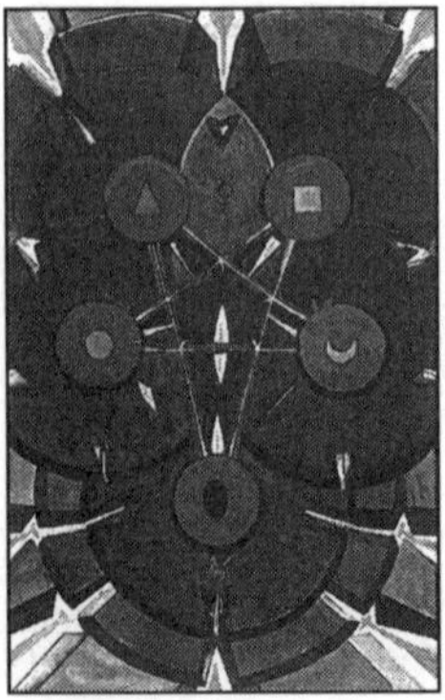

Not-Wendigkeiten

Ein Räderwerk kann eine Tretmühle sein oder aber ein glückliches Zusammenspiel: »Es läuft wie am Schnürchen.« Wo verschiedene Seiten zur Geltung kommen, sich gegenseitig ergänzen und unterstützen, multiplizieren sich die Kräfte! Die individuellen Kräfte vervielfachen sich durch die Zusammenarbeit.

Helfersyndrom oder dessen Beendigung: Indem Sie Nöte mit anderen teilen, werden Sie aus der Lage der Hilflosigkeit erlöst. Die Fähigkeit, die eigenen Notwendigkeiten zu erkennen. Und das Vermögen, eine Not zu wenden. Auch die »Schwäche« hat ihren Wert. Nehmen Sie Rücksicht auf ein unterschiedliches Entwicklungstempo. Messen Sie nicht Ungleiches mit Gleichem! Machen Sie Ihre Welt menschlicher, wohnlicher, komfortabler – und somit wertvoller.

Kündigen Sie unbegründeten Ansprüche und fruchtlosen Verpflichtungen! Schaffen Sie sinnvolle Anforderungen und erfüllen Sie wertvolle Verpflichtungen mit leichtem Herzen! Handeln Sie, um unnötiges Leid zu beenden und mögliches Glück zu verwirklichen. Machen Sie die Welt menschlicher, wohnlicher, komfortabler – und wertvoller.

Produktive Bedürfnisse

Eine Lebenssituation, worin »Milch und Honig« fließen. Das ist der Honeymoon, der Honigmond – der Himmel auf Erden.

Oder eine Situation, worin die äußeren Errungenschaften, der äußere Kreis die inneren Bedürfnisse, den inneren Kreis nicht erreichen. Eine Phase des Leerlaufs. Die »Kupplung« ist ausgeschaltet. Das kann zwar für eine momentane Entlastung sorgen. Aber es bewegt sich zu wenig, was den eigenen Bedürfnissen gerecht wird.

Das Wechselverhältnis von Innen und Außen sowie von Eigenem und Fremdem ist neu zu definieren. Neue Wege zur Verwirklichung der eigenen und zum Verständnis fremder Bedürfnisse stehen auf der Tagesordnung.

Achten Sie darauf, nicht den Mangel zu verwalten, sondern einen Gewinn zu erzielen. Dieser Stoffwechsel, diese Produktivität sind der Schlüssel für Ihre aktuellen Fragen. Der Wert des Eigenen ist am größten, wenn möglichst viele davon profitieren. In diesem Sinne besitzen Sie nur, was Sie weggeben. Entwickeln Sie Einklang und Zusammenhang zwischen Ihnen und der Mitwelt, zwischen inneren Bedürfnissen und äußeren Ergebnissen.

Sieben Siegel

Es gibt bestimmte Lebensrätsel und sachliche Aufgaben, deren Lösung bzw. Bedeutung Sie in dem Moment finden, in dem auch Sie Ihre Bedeutung, Ihren persönlichen Sinn, Ihre Lebensaufgabe entziffern.

Stellen Sie geltende Maßstäbe in Frage, damit Sie wissen, was für Sie funktioniert. Was auf den ersten Blick wie ein Fehlschlag aussieht, hat in Wirklichkeit vielleicht ganz Verschiedenes zu bedeuten! Jeder Sachverhalt, jedes Faktum, alle Daten erzählen eine Geschichte und besitzen eine Symbolik, die es zu studieren und zu deuten lohnt. Hier heißt es, Spuren suchen und Zeichen deuten. Dabei geht es auch um Ihre eigene Bedeutung, um Ihren Standpunkt! Zeigen Sie Verständnis für fremde Maßstäbe. Vertreten Sie den Unterschied und den Wert Ihrer ureigenen Betrachtungsweise.

In Ihren aktuellen Fragen heißt es: Spuren suchen und Zeichen deuten. Manchmal geben auch Stolpersteine wichtige Hinweise. Suchen und finden Sie solange, bis sich Ihnen der Sachverhalt offenbart. Sie brauchen Evidenz – Inhalt und Bedeutung einer Angelegenheit sollen offen sichtbar werden. Hören Sie nicht vorher auf zu suchen. Ziehen Sie bis auf weiteres täglich eine Tageskarte!

Meisterschaft

Ergebnisse schaffen, die größer sind als Sie selber! Der orangegelbe Hintergrund symbolisiert ein goldenes Bewußtsein, aber auch eitel Sonnenschein und eine pfauenhafte Selbstdarstellung. Das Saatkorn muß »sterben«, damit die Ähre mit vielen Körnern wächst.

In der Vervielfältigung des persönlichen Talents liegt Ihre Meisterschaft. Arbeiten Sie Ihre Natur, Ihre Logik und Ihre Selbstverständlichkeiten deutlich heraus. Jede Sachaufgabe, die Sie bewältigen, ist auch ein Spiegel der Arbeit an Ihnen selbst. Je deutlicher Sie Ihre Begabungen und Begrenzungen herausarbeiten, um so mehr werden Sie zum Meister oder zur Meisterin in eigener Sache.

Sorgen Sie für zahlreiche Ergebnisse, die Ihre Handschrift, Ihren Zuschnitt tragen und in denen Sie sich selbst wiedererkennen. Sorgen Sie für Entschlackung und einen guten Stoffwechsel. Das gilt für Nahrung jeglicher Art. Verdauen Sie Ihre Erfahrungen. Je klarer Sie Ihre Vorzüge und Ihre Handicaps erkennen, um so leichter finden Sie die Aufgaben, für die Sie besonders begabt sind! Setzen Sie neue Pflanzen im Haus oder im Garten.

Gewinn

Liebe ist nicht nur eine Frage der Romantik, sondern auch die Voraussetzung und das Ergebnis einer optimalen Förderung von Bedürfnissen und Talenten! Diese angewandte, tägliche Liebe ist durch nichts zu ersetzen. Sie ist das »Extra« – der unvergleichliche Unterschied, den ein geliebtes Leben gegenüber einem freudlosen und unfriedlichen Alltag macht.

Wenn Sie sich und den Mitmenschen in Achtung und Liebe begegnen, entsteht ein menschliches Plus, ein größeres Ganzes, in dem viele Menschen mit Stärken und Schwächen, mit Vorzügen und Nachteilen aufgehoben sind. Einen größeren Gewinn können Sie gar nicht erzielen, und mit einem geringeren sollten Sie sich auch nicht zufrieden geben!

Warten Sie nicht auf bessere Zeiten! Nehmen Sie sich vieler Menschen und vieler Begebenheiten in Liebe an. Aus Utopien werden neue Wirklichkeiten. Fördern Sie das Zusammenleben, so wie eine gute Gärtnerin den Garten hegt, wie ein tüchtiger Hausverwalter seine Liegenschaft pflegt! Geben Sie der Liebe ihre Chancen - und sie blüht als Sinn und Sinnlichkeit, als »kribbelnder« Zugewinn im Alltag.

Reichtum

Alles ist da, viele Errungenschaften werden gezeigt, aber möglicherweise fehlen die Verbindungen, die die zehn Scheiben erst zum Bild des Lebensbaums zusammenfügen. Interessanterweise ist Individualität nicht im Alleingang möglich. Man muß durch viele Menschen hindurch gegangen sein, um zu seinem wahren Ich zu finden (nach einem Wort von Friedrich Nietzsche). Wenn Sie die Brücke zum Anderen, zum Fremden finden, verschwindet die Einsamkeit, dieser Schatten einer fehlenden Individualität, genauso wie die Gefahr, in der Masse unterzugehen.

Nicht nur für die engste Zweierbeziehung ist die Liebe der beste Maßstab. Sie ist auch der Navigator, die verläßlichste Orientierung im Geflecht der täglichen Beziehungen und Ereignisse. Ganz unsentimental gilt: Liebe schafft großen Reichtum – weil nur die Liebe sich optimal um vorhandene Bedürfnisse und Talente kümmert. Wenn Sie lieben, sind Sie nicht käuflich und - unbezahlbar.

Verstehen Sie, auf welchen Beitrag von Ihnen die Mitwelt jetzt wartet. Nutzen Sie den Zauberstab der Individualität, und tragen Sie zu einem Zusammenleben bei, worin jede und jeder den eigenen Weg mit viel Freude verwirklichen kann.

Hinweise für Fortgeschrittene

Jede Karte eine Welt für sich

Wer soweit mit der Tarot-Symbolik vertraut ist, daß er oder sie jede Karte kennt und schon mehrfach gezogen hat, ist reif dafür, die nächsten Schritte zu tun. Jede Karte steht zuerst und zuletzt für sich selber. Zugleich existieren aber auch Zusammenhänge und Querverbindungen innerhalb der 78 Karten in einer solchen Fülle, daß sich ein großes Übungsfeld auftut.

Im folgenden haben wir einige der Standards zusammengestellt, die besonders für die 22 Großen Arkana gelten. Weitere Übungen für Anfänger und Fortgeschrittene enthält unser Buch »Tarot-Praxis«.

Eine der häufigeren Einteilungen ist die der 22 Großen Arkana in drei Stufen.

Die Karte »0-Der Narr« wird dabei zunächst ausgenommen. Die übrigen 21 Großen Karten werden in drei Reihen zu je sieben Karten ausgelegt.

Große Arkana I (Der Magier) bis VII (Der Wagen):
Die weltliche Sequenz – die irdischen Stationen

Große Arkana VIII (Ausgleichung) bis XIV (Kunst):
Die Wendung nach innen – Suche nach Selbsterkenntnis

Große Arkana XV (Der Teufel) bis XXI (Das Universum): Die große Reise – das Ziel der Erleuchtung.

Bei diesem Modell werden die Karten, die in den einzelnen Reihen *übereinander* liegen, jeweils als *Stufen* verstanden. Eine Stufe über der I befindet sich die VIII, über der II die IX usw.

Drei Wege

Neben dem Stufenmodell gehört das Konzept der *Drei Wege* ebenfalls zum Standard der Tarot-Überlieferung.
Die drei Heilswege:
Der Weg der Erkenntnis, der Osiris-Weg umfaßt die Großen Arkana 1 – 4 – 7 – 10 –13 – 16 – 19.
Zum Weg der Wiedergeburt, dem Brahma-Weg gehören die Karten 2 – 5 – 8 – 11 – 14 – 17 – 20.
Der dritte Weg, der Weg der Erfahrung, der Venus-Weg beinhaltet die Stationen 3 – 6 – 9 – 12 – 15 – 18 – 21.
Auch dieses Modell bietet Anregungen für spannende Schlußfolgerungen.

Am Rande soll erwähnt werden, daß das bisher Dargelegte nur die Spitze des Eisbergs wiedergibt, was die Wege und Zusammenhänge innerhalb der 22 Großen Arkana anbelangt.

Reihenfolge in welche Richtung?

Die meisten Autoren sehen die Großen Arkana in einer Reihe, die *mit* dem Zahlenwert verläuft, also von 0 oder 1 bis 21. Doch auch die gegenteilige Auffassung wird vertreten:

Sergius Golowin zum Beispiel beschreibt die Großen Arkana in einer Linie von 0 und 21 bis 1. – Das ist für die Großen Arkana immerhin ungewöhnlich. Aber im Bereich der Kleinen Arkana ist es absolut gebräuchlich, eine Farbreihe, etwa die der Stäbe, nicht von 1 (As) nach 10, sondern umgekehrt von 10 nach 1 (As) laufen zu lassen!

Querbezüge

Innerhalb der 22 Großen Karten wie auch aller 78 Karten existieren zahlreiche Querverbindungen. Unter anderem läßt sich jede Karte als *Addition und Zusammenfassung* anderer Karten begreifen. Beispiel: Wie 5 und 2 gleich 7 (oder 3 + 4) sind, so ist auch die Karte »VII-Der Wagen« als Ausdruck der Summe der Karten V und II (Hohepriester und Hohepriesterin), oder von III und IV (Kaiserin und Kaiser), usw., zu verstehen. – Auf zwei besonders wichtige Querbezüge sei hier hingewiesen:

Quersummenkarten sind, auch unter dem Namen »Quintessenz«, als Zusammenfassung einer kompletten Auslage bekannt. Zusätzlich existieren auch innerhalb der 22 Großen Arkana Quersummenkarten:

1 und 10 und 19;
2 und 11 und 20;
3 und 12 und 21;

4 und 13; 5 und 14; 6 und 15; usw.

Die Quersummenkarten innerhalb der Großen Arkana stellen die betreffenden Karten in ein Verhältnis von Gegensatz und Ergänzung!

Zum Beispiel: »VI-Die Liebenden« und »XV-Der Teufel« stehen in einem Verhältnis von Gegensatz und Ergänzung. – »VII-Der Wagen« und »XVI-Der Turm« stehen zueinander in diesem besonderen Spannungsverhältnis; usw.

Als Parallelkarten innerhalb der Großen Arkana gelten die Karten mit gleicher Endziffer:

1 und 11 und 21;

2 und 12 (und ggf. der »Narr« als 22. Karte);

3 und 13; 4 und 14; usw.

Die Parallelkarten innerhalb der Großen Arkana stehen zueinander in einem Verhältnis wie Grundton und Oktav: Das gleiche Thema erscheint auf verschiedenen Ebenen!

Beispiele: »XV-Der Teufel« ist die höhere Oktav oder die andere Ebene von »V-Der Hohepriester«; »VII-Der Wagen« ist der Grundton oder die Basis für die Karte »XVII-Der Stern«; usw.

Die 22 Karten als Kreis und Spirale

Von A. Douglas und anderen wurde der Vorschlag verbreitet, daß man sich die 22 Großen Arkana auch einmal als *Lemniskate* – als eine Unendliche Schleife in Gestalt einer liegenden Acht – vorstellen solle.

Dabei kreuzen sich in der Mitte die beiden Karten X-Glück und XXI-Das Universum. Nach Auffassung der Verfasser sind Schleife, Kreis und Spirale die besten Modelle für die Großen Arkana.

Stellen Sie sich die 22 Großen Karten als Kreis vor. Ein entscheidender Vorteil bei diesem Modell besteht darin, daß es hier *individuelle* »Start und Ziel«-Positionen gibt. Danach bilden die Großen Arkana nicht länger eine Strecke, eine Einweihungs- oder Heldenreise, die für alle gleich sein muß und bei der wir möglichst rasch von den Anfangskarten 1, 2 (MAGIER, HOHEPRIESTERIN) usw. wegkommen und zu den Großen Arkana 20 und 21 (ÄON, UNIVERSUM) hingelangen sollten. Für manche mag dieser Wegverlauf wunderbar und geeignet sein. Andere aber *beginnen* ihren Weg zum Beispiel bei der SONNE (etwa in der Bedeutung des Puer aeternus, des Ewigen Jünglings) und haben als großes Ziel – über die WELT hinaus – die KAISERIN oder den KAISER vor sich (beispielsweise in der Bedeutung, erwachsen zu werden). Manche *starten* in der Position des EREMIT und haben einen langen Weg vor sich, bis sie über ÄON, UNIVERSUM und NARR ihr großes Ziel, den MAGIER erreichen.

Auf diese Art werden und bleiben die Großen Arkana ein Wegweiser, der den persönlichen Weg beschreibt. Wann immer es Sie wünschen: Wählen Sie (aus den 22 Großen Karten) Ihre Start- und Ihre Ziel-Karte – entweder bewußt ausgesucht oder »blind« gezogen. Beide Methoden sind äußerst ergiebig.

Literaturhinweise

Bürger, Evelin/Johannes Fiebig: Tarot für Einsteiger/innen. Königsförde 12. Aufl. 2000

– dieselben: Tarot-Praxis. Mit 122 Legemustern. Königsförde 1995

– dieselben: Tarot – Wege der Wandlung. Die Symbolsprache des Crowley-Tarot – neu entschlüsselt. Königsförde 1996, Neuausgabe 2001

Crowley, Aleister: Das Buch Thoth (Ägyptischer Tarot). London 1944. Deutsch: Waakirchen 1981.

– derselbe: Tarot-Divination (Separatdruck aus: The Equinox, Vol. I, No. 8, 1912). York Beach, Maine 1976.

Peymann, Susanne: Der Crowley-Tarot – 78 Wege des Wissens. München 1997

Regardie, Israel: Das magische System des Golden Dawn. 3 Bde., Freiburg 1987

Wasserman, James: Instructions for Aleister Crowley´s Thoth Tarot Deck, plus two essays written by Lady Frieda Harris, with commentary and footnotes by Stuart R. Kaplan, New York 1978/ 1983.

Wenn Sie mehr über das Crowley-Tarot wissen möchten:

Mehr Details und Hintergrundinformationen zu jeder Karte bietet »*Tarot – Wege der Wandlung*« von E. Bürger/J. Fiebig.

Über die Geschichte des »okkulten« Tarot informiert
Eckhard Graf: Die Magier des Tarot. Königsförde 2000.
Darin werden u.a. Lady Frieda Harris, Aleister Crowley sowie der Golden Dawn Orden ausführlich beschrieben.

Datum	Tierkreis-zeichen	Zugehörige Große Karte	Zugehörige Hofkarte
21.3.-20.4.	Widder	IV-Der Kaiser	Stab-Königin
21.4.-20.5.	Stier	V-Der Hohe-priester	Prinz der Scheiben
21.5.-21.6.	Zwillinge	VI-Die Liebenden	Schwert-Ritter
22.6.-22.7.	Krebs	VII-Der Wagen	Kelch-Königin
23.7.-22.8.	Löwe	XI-Lust	Prinz der Stäbe
23.8.-22.9.	Jungfrau	IX-Der Eremit	Ritter der Scheiben
23.9.-22.10.	Waage	VIII-Ausgleichung	Schwert-Königin
23.10.-21.11.	Skorpion	XIII-Tod	Prinz der Kelche
22.11.-20.12.	Schütze	XIV-Kunst	Stab-Ritter
21.12.-19.1.	Steinbock	XV-Der Teufel	Königin der Scheiben
20.1.-18.2.	Wassermann	XVII-Der Stern	Prinz der Schwerter
19.2.-20.3.	Fische	XVIII-Der Mond	Kelch-Ritter

Zugehörige Zahlenkarten	Karte des »regierenden« Planeten	Karte des »erhöhten« Planeten
Stab 2-4	XVI-Der Turm	XIX-Die Sonne
Scheiben 5-7	III-Die Kaiserin	II-Die Hohepriesterin
Schwert 8-10	I-Der Magier	---
Kelch 2-4	II-Die Hohepriesterin	X-Glück u. XII-Der Gehängte
Stab 5-7	XIX-Die Sonne	XX-Das Äon
Scheiben 8-10	I-Der Magier	I-Der Magier
Schwert 2-4	III-Die Kaiserin	XXI-Das Universum
Kelch 5-7	XX-Das Äon	XXII/0-Der Narr
Stab 8-10	X-Glück	---
Scheiben 2-4	XXI-Das Universum	XVI-Der Turm
Schwert 5-7	XXII/0-Der Narr	---
Kelch 8-10	XII-Der Gehängte	III-Die Kaiserin